四库存目

青囊匯刊 ⑯

四神秘訣

［元］董德彰◎撰

宋政隆◎点校

华龄出版社
HUALING PRESS

图书在版编目（CIP）数据

四库存目青囊汇刊.16／（元）董德彰著；宋政隆

点校. 一北京：华龄出版社，2021.12

ISBN 978－7－5169－2162－3

Ⅰ. ①四… Ⅱ. ①董… ②宋… Ⅲ. ①《四库全书》

－图书目录 Ⅳ. ①Z833

中国版本图书馆 CIP 数据核字（2021）第 278911 号

责任编辑	薛　治		**责任印制**	李未圻	
书　名	四库存目青囊汇刊.16		**作　者**	（元）董德彰 著　宋政隆 点校	
出　版 **发　行**	华龄出版社 HUALING PRESS				
社　址	北京市东城区安定门外大街甲 57 号		**邮　编**	100011	
发　行	（010）58122255		**传　真**	（010）84049572	
承　印	三河市九洲财鑫印刷有限公司				
版　次	2022 年 1 月第 1 版		**印　次**	2022 年 1 月第 1 次印刷	
规　格	710mm×1000mm		**开　本**	1/16	
印　张	17		**字　数**	236 千字	
书　号	ISBN 978－7－5169－2162－3				
定　价	58.00 元				

四神秘诀序

　　原夫地理之学，当以正心诚意为本，继以济人利物为心；不以取财利而拣贫择富，不以好奇怪而妄语胡为，即开口而祸福可凭，作用而魔头不至。作地之法，贫家当以明堂为先，富家当以龙穴为最。门户忌无关而水直，穴落要周密而无风。有财无人，莫作孤寒之地；有人无财，须扦仓库之龙。贵地天机不露，财力难求；小地处处有之，无求不得；渐渐葬高，徐徐求进，此求地之良法也。如王果滕公之地，眠牛眠羊之塞，皆阴功所致，岂在用心哉！父祖积善，天赐吉扦，但假时师指示耳！

　　今观富贵之家，尽规大地，广招籧从之地仙，尊之如神，过于事父；然以貌取人，不详真伪。由是有矜衣冠者远来，而有识见者远退；至於衣食之地，亦未有也。若能贫而乐，富而好礼，则天必祐之，而大地至矣！今采先贤之象论，各分一类，名曰"龙穴砂水四神秘诀"，取其词简意尽、用而有应者，逐一详论批注，以为传家之宝，外及同志。为人子者，不可不知，免为时术所误，专以葬亲报本为先，继以济世安民为后。如此则根本盛，而阴力至矣！

四神课书仙机消纳水法序

　　余曩时为人葬地，自谓龙穴砂水靡不尽善，遂作《四神秘诀》以便诸徒，然余又以星期名世藉甚，京都远近，悉钦慕焉。顷年七十七矣，德真先生千里而来，遍访予于斗山之阳，联床抵掌，吞吐天机，由是水法消纳，的诀玄窍，易予星期，而两全其道。

　　余于是复观昔日所葬之地，见不能消纳者，乃自叹曰："庸医之误，不过一人；庸地之误，则覆全家。"有不如式，悉行改造。如来龙踊跃，护卫有情，四山拱伏，四水朝迎，或有墓绝水同帝旺二水到堂交会，法虽取裁，时师苟不知水法，妄为立向，击破生旺，立见祸灾。今遇此局，只须宜依水法，改一向，开一门，遂能转祸为福矣。古云："有绝穴，无绝龙；有绝水，无绝向"，诚哉是言也！昔杨公为人救贫，多用此法。夫贫者日食不能自给，岂有余资买地而救贫哉！亦因其地而改其向也。

　　余既得此道，不敢独蕴于身，以其所传真诀，编成是书，以便后之学者。但此道术上通于天，下通于地，中可以济人世之贫，固包藏天地之象，涵蓄山川之气，擅操祸福之权。曰富即富，曰贵即贵，斯道之益于人也大矣哉！夫天地非人不授，至道非人不传。凡有求地者，必看其家积德之厚薄。德厚者界之以大地，德薄者界之以小地，苟非其人，则留记以俟后之有德有福者。夫天机轻泄，必遭祸谴；至道乱传，岂非罪愆？倘有天缘道分，幸闻此道术者，可不慎欤！

董潜夫字德彰号银峰

德邑银峰董德彰谨叙

目　录

四神秘诀卷之一①

寻龙首篇

按《龙经》曰："仰观四垣之星，俯察八方之龙。"四垣者，紫微居北，天市居东，少微居南，太微居西是也。以乾坤坎离居先天四正，是为阳龙；以震巽艮兑居先天四隅，是为阴龙。凡龙之贵阴而贱阳者，从先天也。又曰："察以眼界，会以性情。"且凡到乡村，忽见一小峰特起，方圆尖秀，异众出群，此为真龙，其去必作大地。即杨公云："山有奇异不闲生，寻取真龙左右迎。"是寻龙之法，先要盖座分明，便分枝干，有胎有息，缠护到头，方以罗经格之，是何天星主照，是何垣局全与不全，便是地之大小好歹。不依此法，次第以别之，则指山脚亥山，亦扦丙向，主张为大地，可乎？所谓不揣其本而齐其末也。故《经》曰："天星地形，上下相乘，风水自成"，又曰："阳德有象，阴气有位"，亦即天星地形之谓也。学者必由此而推，则寻龙之法自然明矣。

论少中尽龙

《明山宝鉴》曰："有少龙之地，有中龙之地，有尽龙之地。"

少龙者，以后龙初起星峰处是也。中龙者，中亭驿歇处是也。尽龙者，以交剑合流山水大尽处是也。龙之地皆可扦，不必拘龙尽处为正

---

① 银峰董德彰纂，楚白吴中玠校，岳灵陈梦和订，平仲胡之衍阅。

穴。藏车隐马，富贵安然，多在少龙中龙之地。

明山分十二龙法

明山之分十有二龙：曰生，曰福，曰应，曰揖，曰枉，曰杀，曰鬼，曰劫，曰游，曰病，曰绝，曰死。其名虽殊，要其至当，不过乎气聚气散而已。

若生福揖应者，其气聚也。若枉杀鬼劫游病死绝者，其气散也。其气聚者降势长而起伏多，其气散者降势短而起伏少。起者不能伏，伏者不能起，小而难见也。夫自祖宗发脉，大顿小起，如生蛇截水，啄木飞腔；以至降势出身，左右生手足，入首端正，横楼重重，是为生龙。或不生手足，身有横案，旁复有山，羽翼其侧，是谓福龙。或无横案，左右回抱，是为应龙。回抱重重，体势相让，是为揖龙。已上四龙，是为吉地。

若局促不舒畅，背戾无收拾，块然无受，是为枉龙。左右尖利，是为杀龙。分枝擘脉，是为鬼龙。分擘众多，是为劫龙。流离散乱，是为游龙。全无起伏，不能转动，是为病龙。欹斜崩破，是为死龙。孤单无力，是为绝龙。已上八龙，是为凶地。

生龙则子孙长寿，福龙则子孙富贵，应龙则子孙忠孝，揖龙则子孙礼让；枉龙则子孙夭恶颠邪，杀龙则子孙虫伤虎咬，鬼龙则瘟癀疾病，劫龙则杀戮破灭，游龙则淫乱逃移，病龙则产难长病，死龙则死丧不绝，绝龙则死绝无后，所主吉凶，应如影响，造葬之家，不可不慎其择也。

明山节目法

夫取山之法，必厚其本。本者名山之为祖宗，为父母，此其要也。故远见一大山，如车盖插于云汉，其下或作龙行，偃伏发脉；或作虎步，大顿小起；或作凤翔，羽翼翕张；或如飞带，飞佩摇拽；或散平地，铺毡展席；或累累如贯珠，或巍巍如楼槛，势有万端，理归一揆。是知一揆之要，斯可论地理矣。如一山之行，则有正龙，其成就结裹，则有正受。或一里，或十里，或百里，大为京都帝辇，小为州郡藩镇。然其行度委蛇，枝节起伏，于蜂腰鹤膝之处，则节节成龙。

若夫起复回旋，将生就死，水流玄武者，则为生旺。旺者，节目之最贵也。石脉交至，别立祖宗者，则为崩洪。洪者，节目之最灵者也。若一断枝节不随，四象分散，是为死绝之节目也，不必相之，当于气终之处寻取，所谓正龙正受。或为大地，或为小地，随其龙力轻重，较量其终气之处，九空四旷，山水交割，阴阳错乱，则返其本，寻旺气之下欲断之处，回看祖宗朝迎，随护不假，他山流水拱抱，神藏杀没者，则为九族同脉，节目长久者也，则回龙顾祖之地，法主先富后贵。已上三宫节目，大要随水之横流交合而断大小焉。

三十六顺会法

人村闹市，多在山龙歇泊之处；神坛社庙，多在穷绝凶杀之处；仙灵佛迹，多在名山穷极之处；列郡藩镇，多在龙会众多之处。到于京都帝辇，万水千山，俱朝一神之处，处天地之中，受阴阳之正，五行之气全，八卦之用备，虽世数盛衰，人物丰约，有时不齐，然终绵绵不替也。是龙会之处，小为列郡，大为京都，有一定之法，不可易也。若其龙脉之来，如丝如绵，如蛇如鳝，隔江渡河，略有体势。或变化有形，或潜藏无迹，不及三十六龙，而及三十数者，则为列郡藩镇，户口数万，人财富庶，英豪德士名臣所居也。若不及三十龙而及二十龙者，亦为小邑，及作镇寨官舍之地。如不及十龙而及六七龙，亦为人村，户口丰足，钱谷盈余。若已上龙脉不聚，虽不聚而及数者，纵遇天关地轴转动，或暂兴隆，随即废弃。所以历考前代有改郡为邑，易邑为郡，盖为此耳。吉凶盛衰，非由人力，盖自然耶！此岂世俗所能识哉！须凭口诀道眼鉴之可也。

仙居神庙台塔之法

神仙居山水生处，佛寺居山水死绝处，庙居山水鬼劫处。神仙取其清，神灵取其幽，社稷取其水，与人路冲会，以多为大吉。凡局内迎财进宝之山，不可向之，即主人户退落，不可不知也。须用八干向为吉，大忌支神向，皆主神冷落。如左右有幡幢，前有拜龙，流水交剑、杯校旗鼓分明，更无凶恶之砂，即主神圣通灵，人户丰富，兴隆无替也。故人与神灵，其法相反。人之墓宅，龙与向山水皆宜逆，神宜顺。墓宅忌神杀之山，冲割之水，单雌单雄，贯顶落脉直奔，无左无右，转折全无，受风无从，此数者，人忌之而神宜之。此皆目观心应之事，故录之以释鬼神人事之殊如此。

阳星图

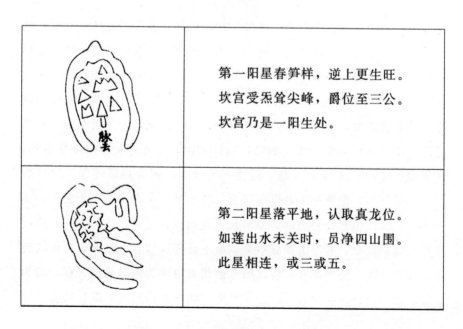

第一阳星春笋样，逆上更生旺。
坎宫受炁耸尖峰，爵位至三公。
坎宫乃是一阳生处。

第二阳星落平地，认取真龙位。
如莲出水未关时，员净四山围。
此星相连，或三或五。

	第三阳星山坡耸，拥似张罗网。 其星员净如僧罄，过脉奇峰应。
	第四阳星如浴卵，好峰围四畔。 四围关锁更重重，此地出神童。
	第五阳星如何识，来山高处觅。 或如文笔插山腰，代代出官僚。
	第六阳星如笏样，主出在屏帐。 泉山横锁在平阳，世代出公王。
	第七阳星如人首，三五相连就。 四围包裹更相迎，子媳坐专城。

去 去	第八阳星如朵云，平地起纷纷。 四围交剑水钓挂，翰林并五马。
去	第九阳星如贯珠，左峡右相扶。 若在左宫受真气，将相执金吾。
富贵富	第十阳星如玉柱，头员平净取。 印星为笔更相迎，富贵播声名。
去	十乙阳星如悬镜，受穴须端正。 应星如库又如蛇，富贵永无涯。
去 去	十二阳星如帘幙，生出如丝索。 气寐认取一员峰，端的是真龙。

阳龙九峡诗

九峡阳星谁得知，山家出没有玄微。时人欲识阳星峡，须把真龙骨脉推。

	阳星一峡号湖池，香火楼台万载居。前有碧潭清似镜，满门绯紫佩金鱼。
	突兀青峰两插空，二阳星峡号双龙。谁家宰相三台地，出入金门拜圣聪。
	龙楼三峡少人知，年少儿郎及第归。不独甘罗年十二，庙堂出入挂朱衣。
	阳星四峡实堪夸，矗矗来龙珍宝遮。仓库丰饶应敌国，玉簪珠履孟尝家。

	峡名威武坐将军，遥望巍巍出白云。 拜舞玉阶呼万岁，清时建节实堪钦。
	穿珠之峡是仙踪，端的无人识此龙。 积玉堆金家富足，亦能显贵至三公。
	蛾眉七峡石坡心，欲认真龙仔细寻。 蕙质兰心多美女，嫣然一笑直千金。
	八峡行龙实可夸，奇峰峭丽映烟霞。 鸾骖凤驾归仙府，笑指蓬莱是我家。
	阳星九峡号悬丝，落地如灰拽线时。 富贵更从何处觅，世间能有几人知。

十二龙图说①

	生龙 腰脚多而员净，顾主有情，无他往。
	福龙 来势丰厚，形如镜柜，皆龙虎为横案，弯抱长平吉。 左右皆同。
	应龙 左右前后，四山相应，周密无风，或有龙虎，或无龙虎，皆吉。
	揖龙 左右山如相揖之状。如本身无山，他山到抱相揖者亦吉。

---

① 即《葬书》"千尺为势"是也。

	劫龙 分臂多而尖利，左右不顾。
	鬼龙 分臂少而左右斜飞无仓库，故凶。
	枉龙 大山之下还退卸，不左不右，脉直而急，主速败绝。
	杀龙 左右尖利，并无弯抱之势。
	游龙 左转皆左，右转皆右，飞走不顾内，而直去不回。

	病龙 头高头低，全无起伏，如人之卧，墙屋之倒。
	死龙 龙本身或龙虎上被掘断，或雷打水破，主死绝。
	绝龙 本身并无枝脚，左右孤卑，无随无从，主速绝。

龙形图说

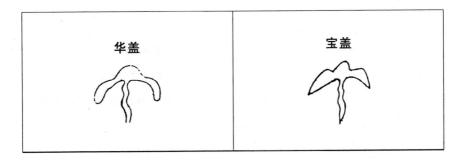

华盖	宝盖

冠盖

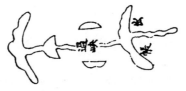

冲天大火

峡山作祖，重重过峡出帐，护卫重重，主极品之贵。若起南必为上吉，若不结胎反为凶。

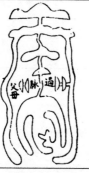

出帐之形

凡贵龙要出帐过脉，须用两山护过，不可受风。至结局罗城周密，诸件贵沙，尽列于前，水口交牙，财贵必久。

富龙偏帐

富龙要过脉无风，就身左右，重重仓库，牛奔象舞而来，诸件富沙尽列于前，则为富也。

旺人之龙

旺人之龙，过脉无风，龙身左右，扳脚长厚，头不尖利，下有毡褥，全无风吹水割，至结局处亦要罗城周密，则为旺人之龙也。

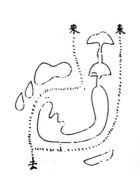

不旺人龙

不旺人龙，过脉来龙，件件受风，左右就身，下无毡褥，被水冲割，来龙左右无余气，孤单无从，结穴处亦为风吹水割，左右凹缺，水口当风，则为不旺人之龙也。○其断法，风吹水割凹缺，左损长，右损小。

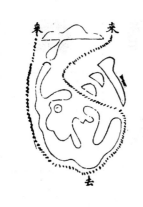

外姓入继龙

外姓入继龙，若结穴处有仓库，亦只一代富，后亦绝耳。

若结穴处有护卫，穴不受风，堂局周密者，主一代单传，一代外姓入继，乃为绝嗣之地也。

贫贱之龙

凡贫贱之龙，落脉斜飞，龙身不饱满，左右无仓库，毛羽干枯，至结穴处，水城反背，明堂倾泻，四水不归，更加竹水茂林之应，必为贫贱之龙也。

五星龙形，九星龙形，其名虽殊，环绕负厚，端正为吉，欹斜崩破走为凶。空缺带石者，亦为凶龙也。

十一曜形①

金星	木星	水星	火星
土星	罗睺	月孛	计都
紫气	太阳	太阴	

---

① 十一曜形者，五星加太阳、太阴、紫气、月孛、罗睺、计都、金星。

李淳风先生九星龙形

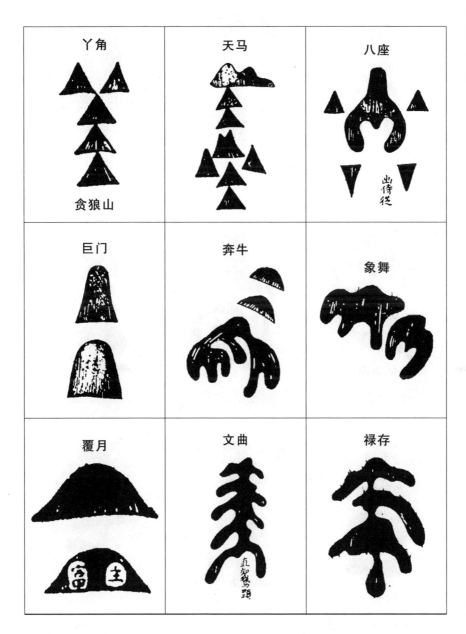

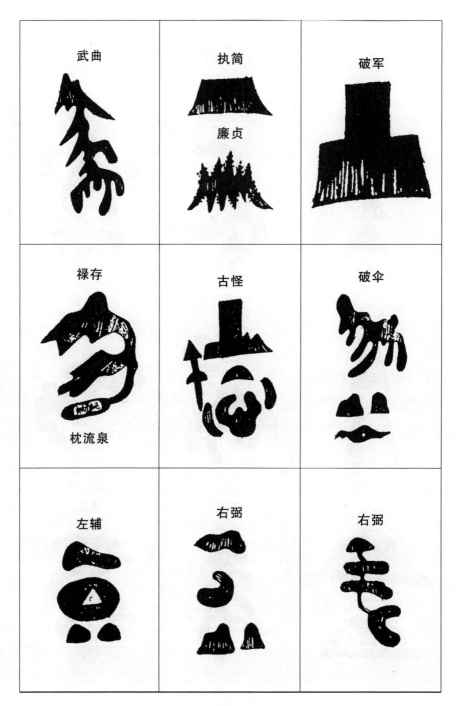

武曲

执简

廉贞

破军

禄存

枕流泉

古怪

破伞

左辅

右弼

右弼

五星龙说

问君寻龙何处是，看他星峰特地起。若非特地起星峰，此是分来枝蔓龙。龙真有脊当心出，两边掉臂行不息。送迎接引不单行，上下诸山定有情。土星行龙带仓库，财宝应无数。木星行龙枝不多，高峰尖顶是嵯峨。火星如旗火有焰，金星光圆无缺欠。水星多是作低平，高山顶上为浪生。屈曲湾湾平地势，此是五星之正形。

状貌五星各有异，更有相克与相生。克则凶兮生则吉，仔细详看要分明。金星若带火星脚，便是烧金缺一角。木星若杂土星行，龙劳不宜争。火星若带木星出，此是相生术。惟有金水两相争，金力相生不杂行。土木除非木为主，土主逢木仍无取。火逢土势两无亏，详看五星贵相宜。

真龙若不带仓库，要在护龙身上取。护龙若是又孤单，他时此地必清闲。凤舞龙翔最为贵，摆手飞腾生活势。龙山高弓宜退卸，凤山翔舞收拾下。凤无收拾龙不退，龙定庸材凤多害。虎踞豹变龙亦高，形势龙来英更豪。若无顿踞与退卸，逆生扳鞍多化马。天马之形有贵奇，行步高低势自随。前途须得平洋地，先有食场后有贵。有场然后穴方生，入穴多种公卿位。蛇飞兔走龙孤独，神堂社庙应相属。若还刀剑两边迎，立庙神灵分外灵。如带刀剑不迎送，直宜神坛寺观用。牛眠驼立多温饱，过处依前要轻巧。不然只是老龙身，葬后何曾利益人。

三台星龙三公位，华盖落龙并高贵。幢幡宝盖只清高，恐有神仙出而逃。龙身若带天箭去，此是将军入穴处。带箱带合兼带帷，美女仙娥出穴时。彩云拥护多平面，必有星月前头现。龙神直去不回翔，此是死龙多不祥。龙无星曜低低去，此是贱龙出身处。龙去干源茅草深，行不逢人不长林。此是贫龙来经换，见田见水方峥嵘。

或从干处穴先成，此穴出人定无情。水中寻龙寻得着，此龙真妙生头角。隐隐隆隆高复低，须是神仙方得知。真龙有骨磨不出，入水穿田留不住。直逢乐星两边逢，此穴应须在此中。两山夹龙不如水，两水夹龙龙得地。水中龙却要平冈，或有山堆并石梁。证得真龙逃不得，此是寻龙真骨格。问龙多少数难量，只此推详意味长。

五星总论

金星方正自天然，其形员似月垂天。

木星端直本清秀，火星下大上头尖。

曲曲湾湾真水辅，土星纯厚语诚然。

只要相生不相克，识得星辰是地仙。

凡水星宜西北方行龙，火星宜东南方行龙，木星宜东北方行龙，金星宜西北方行龙，土星辰戌未寄旺之宫。

刘江东九星三十六图[①]

	第一贪狼初生笋，龙见此星为上品。 星中一木号真人，必遇龙门金榜定。
	第二贪狼如覆钟，天然富贵永无穷。 龙带此星为上格，神童及第至三公。

---

① 形格固是，今参诸文，逐一改正，具述于后。

	第三贪狼如金字，看他龙头下生势。 一起一伏最为良，诸子尽登黄榜贵。
	第四贪狼宝盖落，唤作龙楼并凤阁。 能教朱紫满门荣，必出朝郎近帝幄。
	第一巨门如顿鼓，时师仔细看龙祖。 其星若见三五峰，进纳为官镇州主。
	第二巨门如半月，莫向时师取次说。 号为太极正真人，九重出入朝金阙。
	第三巨门如阵云，时师仔细看行龙。 三男四女丰衣禄，更出为官道艺人。
	第四巨门如穿珠，只做僧尼寺观居。 更有七星前后应，全家老幼入清庐。

	第一禄存如放筒，或横或直或斜踪。 不分阴阳作生穴，却归沧海作蛟龙。
	第二禄存如死蛇，头尖带石尾飞斜。 鬼神住处多兴旺，百姓安居却破家。
	第三禄存如担木，瘦小斜飞无转曲。 其星只可鬼神居，凡人若葬多哀哭。
	第四禄存如瘦狗，带石斜飞形貌丑。 此星若下少人丁，为贼为军不长久。
	第一文曲衣架形，一星一代不安宁。 纵使天然安吉穴，也须男女尽奸淫。
	第二文曲如镜圆，中心一大两头尖。 此星必定招淫欲，女子风流四海传。

	第三文曲如捣杵，仔细消详龙难取。 纵使明堂吉水流，女人受寡家无主。
	第四文曲如木杓，头尖尾大形势恶。 前山纵吉也成凶，奉劝时师莫乱作。
	第一廉真如死马，两脚分明垂向下。 此杀多为瘟火星，更出男孤并女寡。
	第二廉真如顿旗，山尖带石去如飞。 定是庙堂神鬼占，葬着为军刺面归。
	第三廉真势似鎗，此是凶横最难当。 定是离乡抛业走，儿孙枉死阵前亡。
	第四廉真号破军，此星凶横少安宁。 时师莫乱扦坟宅，卖尽田庄无寸存。

	第一武曲如覆釜，此星代代家荣富。 生龙吉穴任裁量，万斛千仓金满箱。
	第二武曲似生蛇，宛转如弓覆似爪。 寻取天然真正穴，荣华富贵孟尝家。
	第三武曲落平田，气象生蛇涌出泉。 或起或行如沐浴，其家富贵出生员。
	第四武曲实难寻，闪满平地散如云。 四畔团团如月起，出人富贵斗量金。
	第一破军如下金，庸师仔细认龙行。 半纪之年家大败，纵然不破也遭刑。
	第二破军似排符，山尖带石出身粗。 人家住葬招瘟火，岁岁蚕丝到底无。

第三破军如伞样，高低带石不成龙。
此个凶星人莫下，子孙家业尽皆空。

第四破军火焰飞，鬼龙随从走东西。
安坟立宅遭瘟火，作贼投军刺臂归。

第一辅星势最强，腾腾兀兀覆如厢。
牵连一似群鱼队，下后儿孙入帝乡。

第二辅星抱转深，节节生峰自有情。
落穴燕巢如仰掌，子孙代代见光荣。

第三辅星似莲花，落穴如钟覆似瓜。
四畔团团如月起，宅坟立宅世荣华。

第四辅星别一形，恰似犀牛奔出林。
宛转如弓幡似凤，弯弯作穴出郎卿。

	第一弼星如瓜藤，节节生峰仔细寻。 落穴穿珠如覆手，穴中正取出朝卿。
	第二弼星似寒鸦，成羣飞泪落平沙。 但向中心扦吉穴，峰峰相对必荣华。
	第三弼星如簷幪，好似蜈蚣无数脚。 若人寻穴扦得真，家富石崇出官爵。
	第四弼星师难识，真穴安迁出官职。 或在众山少人知，数条仙带之中觅。

五星驾法 ①

	水星架木 以水生木，出人豪俊清秀，文章冠世，久远兴旺，人财无替。
	水星架金 以金生水，自下生上，主旺人财，文章清奇，孝义慈仁，久远不绝。
	水星架火 以水驾火，只出金银巧匠及医人，发旺后绝，以后变水克火故也。
	水星架土 出人质实无伪，财谷优裕，有人有材，但无久远。
	水星架水 此龙有好形势，原因女致富贵，出人好为商多智，无信实之心，有文词之志，如反覆不收，有离乡淫乱之患。

---

① 此出在《龙经》内，与五星穴法通用。

	火星架木 以木生火，自下生上，发财旺人极远，家富而有礼，孝义文章。
	火星架土 火土相生，世代发旺，但欠文章奇秀之士，积谷积金，富寿有之。
	火星架金 火星驾金，以上克下，形若吉者，主一代发财旺人，三代后必绝。
	火星架水 火星驾水，自下克上，初代便凶，切不可下。
	火星架火 火星驾火，以急逢急，形势炎炎，有瘟有疾，为军为贼，亡家灭族。
	木星架水 以水生木，自下生上，发财旺人，必出文章秀士，仁慈孝悌，亦主女家富足久远。

	木星架火 木星生火，出人英雄勇略，世代荣显，发福极速，富贵久远。
	木星架土 木星驾土，以土荫木，不以克论，主二代发财旺人，后见败绝，以行见克，无生生之道。
	木星架金 变金克木，亦主小小发财旺人，无忠孝之心，有交争之意，久亦败亡。
	木星架木 木来见木，自卓自立，无生旺，出人清高道学。若变水脉形局吉者，有富有贵，出人文章久远，旺人。
	金星驾土 金星见土，以土生金，出人福寿双全，处家和义，交人信实，久远无替，但欠清贵。
	金星驾水 以金生水，出人文章富贵，但无高寿。若水太盛，金星弱，主男离乡，女淫乱。前行遇土止，又为久远吉地。

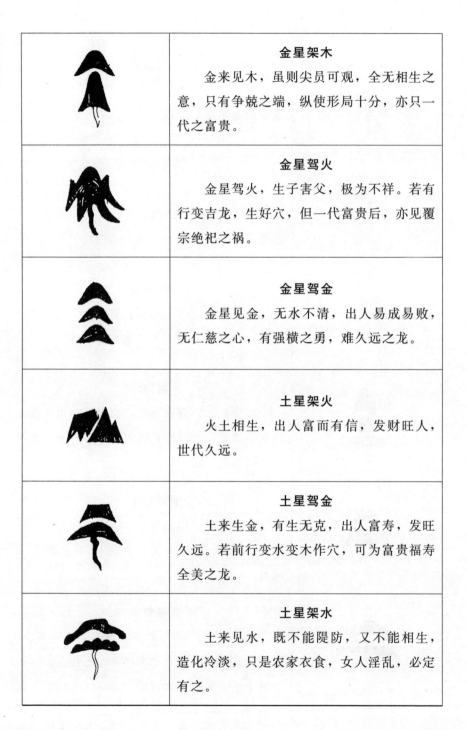

	金星架木
	金来见木，虽则尖员可观，全无相生之意，只有争兢之端，纵使形局十分，亦只一代之富贵。
	金星驾火
	金星驾火，生子害父，极为不祥。若有行变吉龙，生好穴，但一代富贵后，亦见覆宗绝祀之祸。
	金星驾金
	金星见金，无水不清，出人易成易败，无仁慈之心，有强横之勇，难久远之龙。
	土星架火
	火土相生，出人富而有信，发财旺人，世代久远。
	土星驾金
	土来生金，有生无克，出人富寿，发旺久远。若前行变水变木作穴，可为富贵福寿全美之龙。
	土星架水
	土来见水，既不能隄防，又不能相生，造化冷淡，只是农家衣食，女人淫乱，必定有之。

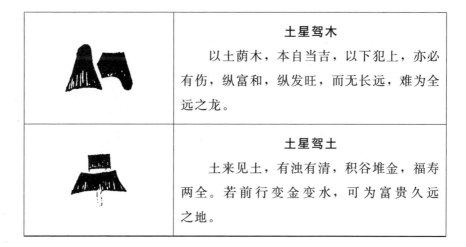

	土星驾木 以土荫木，本自当吉，以下犯上，亦必有伤，纵富和，纵发旺，而无长远，难为全远之龙。
	土星驾土 土来见土，有浊有清，积谷堆金，福寿两全。若前行变金变水，可为富贵久远之地。

二十四位行龙吉凶论①

　　乾为天阳之元者也，居无用之位，无生生之意，于时立冬，在地徐州，甲山同。甲为阳，天干之首，气之元者也，于时惊蛰。凡乾甲行龙布气，主大不祥。如地局上格，止一代发，出人好利少义，星曰天机。

　　坤为地阴之老者也，居不用之位，无生生之意，星曰天玄，时为立秋，在地雍州，乙山同。乙为阴，天干之派，时为清明。凡坤乙行龙布气，主大不吉。地局上格，止发一代，出人柔弱淫欲，无忠贞之风，有邪诐之志，以乾坤甲乙为老阳老阴，故不用也。

　　艮为山，阳不至强，阴不至弱。其为德也，行止有时，动静有常；其为性也，内柔外刚。星曰天枢，时为立春，在地扬州。丙山同。丙为阳干，火之光也。太微垣下照丙方，南极老人星秋分丑时见丙位。时为芒种。凡艮丙二山行龙与行水，地局上格，主生极富大贵之人，文武俱

---

　　① 出《青囊经》。

备；次局主富贵，下局亦主蚕丝小富之人。

兑为泽，阳不相陵，阴不相克，其德刚中柔外，其性潴聚涵蓄，宽大博施。少微垣星下照兑方，在地为翼州，星曰阊阳，时为秋分，丁山同。丁为阴干，火之柔也，南极老人星下照丁方，乃天干次吉，时为小暑。凡兑丁行龙行水，地局上格，主出文武全才，公相分茅之位，乃贵寿清高之品，神仙龟鹤之标；次局清贵旺人，下局亦主文秀之士。

震为雷，其为德也，内刚外柔，内健外顺；其为性也，威武震动，发辉光大，雷发而物生，时为春分，星曰天衡，天市垣旁照卯方，在地豫州。庚为阳干，本金位之杀气，得少微旁照，为天地之收气，时为白露。凡震庚行龙行水，地局上格，主威武权谋，忠勇东毅之士，富贵时师之职；次局主富贵豪伯之权，下局主资财人品。

巽为风，其为德也，刚中而正，柔顺而巽；其为性也，宣畅改大，长舒和风，以长养万物，时为立夏。太乙贵人下照巽方，星曰天璇，在地为兖州，辛山同。辛为阴干，金之柔也，乘太白之杀，得天乙贵人星，值紫微下照辛方，为天地杀藏之气，时为寒露。凡巽辛二山行龙行水，地局上格，产公卿之职，文秀之士，大富之人；次局大富小贵，下局亦主富贵清俊高世之士。

坎为水，其为德也，内刚外柔，弘济普施；其为性也，刚烈雄健，似柔而刚。水润万物，时为冬至，星曰摇光，一白正临，九紫对照，左有八白，右有六白，而帝座兼临，在地为青州，癸山同。癸阴干也，时为小寒。凡坎癸二山行龙行水，地局上格，出将师威烈之士，武略雄伟之才，但只一二代发越而已；次局中富小贵，下局山悍卒贼将之人。

离为火，其德内柔外刚，成化中正；其性明达炎扬而刚，果断躁急。时为夏至，星曰天权，九紫正照之地，在地为梁州，壬山同。壬为阳干，紫微宫四辅兼照壬方，时为大雪。凡离壬二山行龙行水，地局上格，文武富贵，快于发越，只一二代而已；次局出僧道九流，下局亦主人衣食，出人有浮靡之风，少温厚之德。

亥乃天门之位，时为小雪，为章府之北极，紫微垣天帝座之宫，华盖张其后，三台应其前，御九五中正宫，而面离明之地，虽不合河洛四龙之正，以天星之照，可为上吉。若得四龙行度，正亥入首，地局上格，出神仙宰牧，王公卿相，极品之贵，文武全才之士；或旁壬亦主清才之士，旁乾者有亏耳，主人有忠贞端厚之风，少谲诈捍猛之行。

未方胎孕坤土之气，时为大暑，星曰太常，其行龙行水宜兼丁，出人雄勇重厚，若单行非吉祥也。上格可富，因左道而贵，或僧道紫衣之品。中局温足，下局孤贫。

巳方居地户之位，时为小满，天乙太乙下照巳地，虽不合四龙之正，以天星之照为次吉，宜与丙巽同行，若单行为不足。上局大富贵，中局富贵旺人，下局食足而已。在地荆州，星曰天屏。

丑位相艮土之气，时为大寒，近天市垣，旁照丑地，星曰关阳，兼艮行吉。若单行吉凶相半，不宜与癸同行，主大不祥也。上格可富贵，中局小富，下局出僧道孤寡淫乱。

寅方居鬼户之位，时为雨水，星曰天城，虽八白旁照，地杀居多，非吉祥也。若局上吉，亦一发而已。

戌方对暗金之杀，天上河魁之位，天星不照之方，时为霜降，地局端巧，仅可免祸，求福难也。

申方居人门之位，时为处暑，星曰摇光，地杀居多，亦非吉辰，地局端巧，亦一发而已。

辰方居天罡之位，贵禄不照之宫，时为谷雨，又对暗金之杀，地局端正，仅可免祸而已。

格龙下罗图

　　按《九天玄女青囊经》，只取十有四位，行龙只用艮丙巽辛兑丁巳震庚亥午壬子癸，以上诸方，落脉为吉；不用丑寅甲乙辰未坤申戌，以上落脉为凶，地局十分，只亦一发败绝而已。黄石公《大黄经》只取艮丙巽辛兑丁震庚亥巳午壬寅子癸申，以上十六山为吉；不用甲乙辰戌丑未，以上为凶，论亦如前，依此法而覆旧地皆合，故记之。

定穴诸总论

定穴之法，观龙之住处寻脉，以定穴之虚实；观龙虎，以定穴之左右；观明堂朝对，以定穴之中正。主无杀而有情，则就主扦接穴；客有情，则舍主而扦抛穴；龙有情则倚左，虎有力则倚右；主山有杀难扦，则视左视右有情处微斜而扦撞穴；龙虎低而有微风入者，有明堂可扦粘穴；如后龙主山高耸，出帐护卫重重，前拖后带，官鬼分明，久伏而跃起者，此乃贵龙，多扦盖穴，却与粘穴而取明堂又非也。如见来脉太急切，忌对脉扦穴，须用倚撞法，于两边避直煞扦之。如龙虎斗而不先后者，则就龙虎并扦两穴，以分其勇猛之势。左右有风射者，则穴中有风，无风则有水，如脉不对穴者，名为无气穴，则主穴内有木根王蚁之类，为败绝之穴，切不可下。此皆目睹已应之法，予故述之以为穴法之门也。

《明心宝鉴》曰："少龙之穴者，初起星峰处是也。中龙之穴者，停驿龙歇处是也。尽龙之穴者，以交剑合流山水大尽是也。"

八字两片即燕尾也，① 三叉鸡迹即个字也，乳凸出鱼腮虾须二水皆仿佛也，蟹眼单脉水同，两股出人中，腌口亦然。

诗云：

穴法形多笔不全，古留名字是真诠。

龙分两片居身后，水拨三叉在面前。

鸡迹虾须名个字，鱼腮蟹眼界球簷。

再明腌口人中水，朝是凡人暮是仙。

---

① 形分二片。

陶公十二脉诀

陶公十二脉云：大抵龙真易辩，翳眼难明；万水千山，总归一路；千形万状，更无异情，但认蜂腰鹤膝，一任模糊不清。

蜂腰　　鹤膝

大抵寻穴，只于蜂腰鹤膝处寻脉扦穴，如模糊不清楚处则无穴矣。如左右无穴，亦只在半里之内也。

钳穴如钗挂壁隈，惟嫌顶上有水来。钗头不圆多破碎，水倾穴内必兴灾。仰掌要在掌心裹，左右挨排恐非是。窝形须是曲如窝，左右不容少偏颇。偏颇不可名窝穴，侧倒倾颓祸奈何。尖头之穴要外裹，外裹不牢返生祸。外山包裹之如鎗，左右包来尖不妨。山夹雄勇势难歇，是致尖形也作穴。只要前山曲抱转。针着正形官不绝。杨筠松《疑龙》一篇摘附。

穴占中央，时人莫会。四势端明，蜘蛛在内。列土分茅，流传万代。

此言天心低小，只宜坐脉正扦，不偏左右为吉。蜘蛛在内云者，平中一凸，如蜘蛛之织，自外以及内也。

　　玉女堆缉，穴在边傍。有陇中峙，四势平洋。穴居陇首，忠佐明王。①

　　此乃平洋之地，但天心阔大，寻朝对扦穴，不拘斜正，堆缉脉穴在边傍，四势若平，穴在陇首。

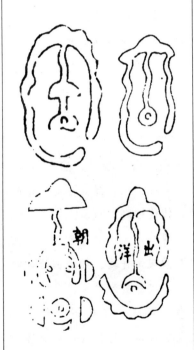

　　飞丝悠悠，员峰后耸；或东或西，山水朝从。明堂平正，荣华富贵永无穷；前案周遮，将相公侯宁有种。

　　此乃大山之下，数枝如带，飞落可寻，其中长者，以左右短者为送，不问送到穴送不到穴，只要见面顾主，不可顾他为吉。到穴者只要用其左右护卫，作成堂局，如不到穴，或有他山作成堂局者，乃是平洋龙之穴也，切不可无护卫。如无，以无穴目之。即杨公云："夹辅寻龙真洞府，出洋须看好罗城。成形但以朝为证，近案宜低高要平。形厚势荣为至贵，势来形就穴方成。"

---

　　① 平中无凸，名玉女缉筐。

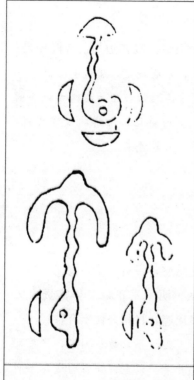

钓钩银带，世号难扦，其法尽处为最，儿孙世代居官，须下则来龙细小，垂尾则气脉盘旋。

钓钩脉寻钓钩之须下作穴，无须则无天心，不可扦穴。此脉细小，须于略大处扦穴，首尾皆小则无穴矣。

垂尾穴，即草尾露珠是也。

上水灵龟，身头端拱；泊在田湖，时人莫用。大江关锁，洋洋不论；东西真穴扦裁，代代权高禄重。

龟形肩膊有穴上水者为贵，左右俱可，须要有微凹处扦之。如无凹处，便寻龟背穴。二穴皆贵寿之地。

下水龟只旺人，不旺财。尾上有穴，四足及头眼俱不可扦穴，谓其转动不定故也。

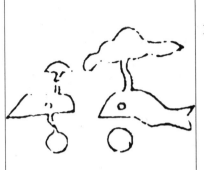

游鱼上水，前有明珠。或隐或见，如盏中酥。穴居边畔，名播皇都。

游鱼上水者吉，下水死鱼不用，切忌头带石，皆主凶。如其山皆是石，石中有生成土穴者，又不可以小地目之。又要穴有毡褥，左右皆有山相辅，乃为全善之地。又有产珠鱼最贵，须寻门穴阡之。

悬丝钓卵，前有员峰。一断一续，隐隐隆隆。穴居峰顶，积谷弥丰。

此穴富而不贵，易兴易废。然风吹倾坠，穴险而有也。如有左右护卫，又不可如此论之。

走兽飞禽，穴难裁酌。前有横案，以类而度。富贵各主一端，要在眼目精恶。角弓满处，东西架箭偏宜；以水朝时，逆顺安坟莫错。

走兽之形，重厚而浊，主富。飞禽之形，轻秀而清，主贵。缘是私穴，必须是高山之穴，须要有前案遮拦，水城关锁，山住则有穴，如无则走散，不可用之。须要山水朝向，脉逆则顺立向，脉顺则逆立向，乃避其急杀之法也。

马迹过水，揽水渡河，无形无影，岂类高坡。遗踪尖迹，湖里雁鹅，时人莫辩，真诀无多。众低偏寻高处，远近大小如何。

此言平洋之地，模糊不明，草蛇灰线，难以扦穴，只以大中寻小，小中寻大。应乐须取近，而有情可用；应乐如远，则不为我用。

以上陶公十二般脉法，粗而易晓，理见而明，今故录之。《全书》云有杨公三十六脉，皆后人增之，今不复取。

刘公捉脉秘诀

横脉忽然如转膝，过中只恐人不识。后龙磊落若驱羊，脉落分明为上吉。

横脉者，言龙过峡处，脉断而起，起而又断，中央梭肚有包处扦之，须要朝山托山及左右有情，方可下。

断脉蜂腰最奇异，恰如藕断悬丝势。真龙定在此方藏，时人莫把为容易。

断脉者，龙之两头大，中央小，如藕穴扦节、银定扦腰之类。须要龙分晓，穴不模糊者用之。

漏脉过时看不得，留心仔细寻龙格。穿山渡水逐其踪，认他石过为真脉。

漏脉者，大山之下，胎息之旁，落脉分明，撒下平地，四围皆土，于中有五色石，或横或直，顺其立向扦之。

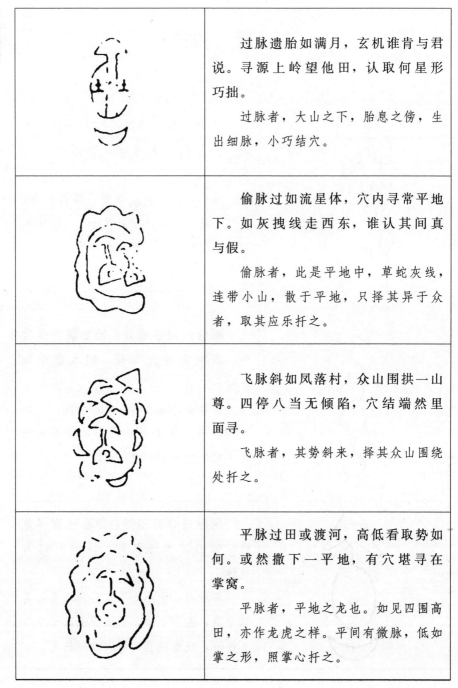

过脉遗胎如满月，玄机谁肯与君说。寻源上岭望他田，认取何星形巧拙。

过脉者，大山之下，胎息之傍，生出细脉，小巧结穴。

偷脉过如流星体，穴内寻常平地下。如灰拽线走西东，谁认其间真与假。

偷脉者，此是平地中，草蛇灰线，连带小山，散于平地，只择其异于众者，取其应乐扦之。

飞脉斜如凤落村，众山围拱一山尊。四停八当无倾陷，穴结端然里面寻。

飞脉者，其势斜来，择其众山围绕处扦之。

平脉过田或渡河，高低看取势如何。或然撒下一平地，有穴堪寻在掌窝。

平脉者，平地之龙也。如见四围高田，亦作龙虎之样。平间有微脉，低如掌之形，照掌心扦之。

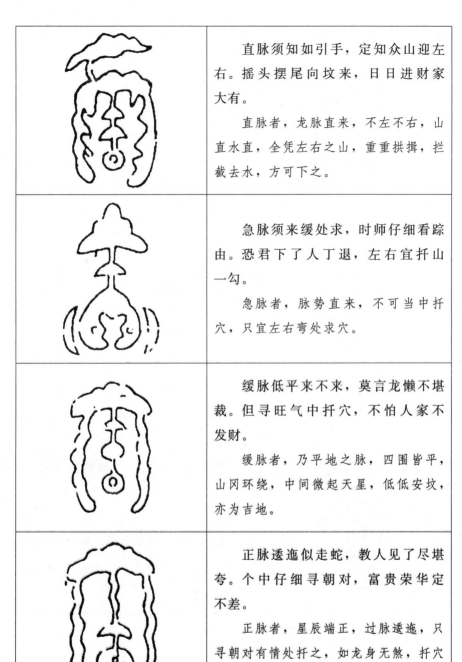

直脉须知如引手，定知众山迎左右。摇头摆尾向坟来，日日进财家大有。

直脉者，龙脉直来，不左不右，山直水直，全凭左右之山，重重拱揖，拦截去水，方可下之。

急脉须来缓处求，时师仔细看踪由。恐君下了人丁退，左右宜扦山一勾。

急脉者，脉势直来，不可当中扦穴，只宜左右弯处求穴。

缓脉低平来不来，莫言龙懒不堪裁。但寻旺气中扦穴，不怕人家不发财。

缓脉者，乃平地之脉，四围皆平，山冈环绕，中间微起天星，低低安坟，亦为吉地。

正脉逶迤似走蛇，教人见了尽堪夸。个中仔细寻朝对，富贵荣华定不差。

正脉者，星辰端正，过脉逶迤，只寻朝对有情处扦之，如龙身无煞，扦穴无疑。

长脉俄看似有无，悠悠远远细还粗。谁知此是真龙脉，只恐时人眼力踈。

长脉者，脉长而落平洋，或出或没，或大或小，只寻山水尽处而有情，明堂聚集处取穴。

短脉须看要有情，无情不用个中寻。纵饶外有山朝对，便发资财止百金。

短脉者，正龙不住，只于过脉，或聚讲处，落脉结穴，乃兴废易见，小富之地。

坠脉无人识得真，蜘蛛簷外趁丝沉。微微落处宜收取，此诀谁知值万金。

坠脉者，如悬丝钓鳖，蜘蛛结网之形，作穴不可太伤龙。

《青乌经》十不相

一不相粗顽带石。言带杀无气。

二不相急水争流。言水无深源大潭，弯曲绕抱。

三不相穷源绝境。言山水不住，来短去长，若山水聚亦有穴。

四不相单独垅头。言无余山包抱，八风交吹。

五不相神前佛后。言神占前，佛占后，穴内不见者亦吉。

六不相墓宅休囚。言已发之地，不可再行扦穴。

七不相山冈缭乱。言穴内四山不尚飞扬，去不拱不揖，凶。

八不相山水悲愁。言穴内常有风声水声，山粗水响。

九不相坐下低软。言坐低小，左右压穴，天心不起。

十不相龙虎尖头。言坐下左右尖利如刀，元辰直去，左右不关。

洞林别诀十凶例

一曰天败。其地曾经洪水滔荡，龙神不安，主子孙流离。

二曰天煞。其地曾经雷震，龙神惊恐，主子孙愁困。

三曰天穷。落处孤单，玄武吐舌，源头水尾之地，主子孙孤独。

四曰天倾。明堂倾泻，四水不归，龙神不住，主人财失。

五曰天卫。八风交吹，龙神不住，主子孙游手。

六曰天湿。明堂渐渍，卑污臭秽，龙神不吉，主疾病缠绵。

七曰天狱。地下深坑，不是外阳，龙神暗昧，主人愚顽，故败。

八曰天狗。在山之肘外，并无六建龙神，及左右无山夹从，风吹水割，主人忤逆。

九曰天魔。土石虚浮不坚，龙神浅薄，主人贫绝。

十曰天枯。皮毛焦破，干枯不润，主凶败夭绝。

又曰：葬居古墓废坟，主聋哑。神前佛后，主公讼。山魈木客之地，主邪淫。窑灶坑场，主身体生疮。乱路之傍，凶方，主绳索。吉方则吉。

四神秘诀卷之二^①

集注《淳风小卷》序

　　夫地理者，动静之理也。不深究于斯理，称至者否也。盖龙神情性，吞吐浮沉，千经万纶，以决其疑，皆深究乎斯理者也。且如三皇以前，其气浑然，自伏羲之画八卦，已寓斯理于其中，然未有发明者。始于黄帝，感玄女授以强兵战胜之术，阴阳天地之理，故《囊经》由此有之。迨乎周之召公，秦之樗里子，汉之青乌，晋之景纯、白鹤仙、陶仕衡，唐之一行、曾文遄、杨筠松、李淳风，皆当时之名公也，各遗妙诀，流传不泯。今观《淳风小卷》，议论龙穴，尤以高低顿踞，逶迤屈曲，草蛇灰线，而分三种脉；以抛接迎就、缀粘量折八穴，而定三百六十穴，包罗万象，可谓简而明、约而当，实先贤之洪范，后世之良规。博览其文，胸中朗朗，悦如先贤之心传口授，因采先贤之至论，合管见之龙，僭而注之，以乐同志。噫！阴阳之理言之，岂能尽乎！后之贤者，改而正诸，幸莫大焉！

---

　　① 元银峰董德彰纂，明师古吴勉学，平仲胡之衍同校。

集注淳风小卷入首脉穴法

捉脉取穴，先贤精微的当。隐隐隆隆，细寻推之，其法有断有续，有大有小，有长有短，各含至理。大都山之有脉，如人脉之见于形，究其盛衰隆杀，体形变状，依经细详，且以星峰行度，而定其龙。即龙之降势，以投其脉；由之入落，以取其穴，是为要诀。又有认形而取穴者，盖龙势成形而脉可见，脉既彰著，穴斯呈露，不可逃也。其法有起伏脉，[①] 仙带脉，[②] 平受脉，[③] 是为三种。若起伏者，大顿小起，内起应龙，自星峰高下而来者也。仙带脉者，内起应龙，自星峰下飞落者是也。平受脉者，坦荡平洋，略有体势，或有应，或无应，[④] 依依然，如铺毡展席是也。以上三种脉，各应十二龙，降势成形，为三十六穴，通变为三百六十穴。

---

① 则高山之地也。
② 则地如带飞落也
③ 平洋之地
④ 应者非应乐之应乃来山之下起一山也

抛穴

抛者，客有情而就客。

接穴

接者，主有力而就主。

就穴

就者，客就主也，二龙争珠。

缀穴

曰缀，贯上冲和，高而浅也。

迎穴

迎者，主迎客也，回龙顾祖。

缓穴

脉若直硬，求稍缓处，乘柔脱杀，去前二三尺，缓其金藤，大堆浮土，盖以续脉。

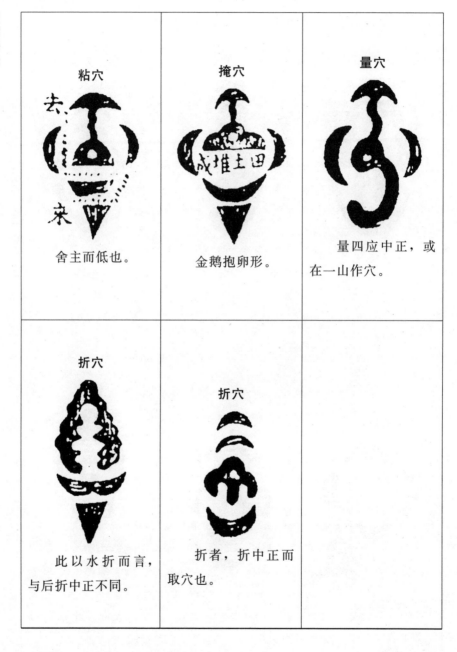

粘穴

去

来

舍主而低也。

掩穴

成堆土田

金鹅抱卵形。

量穴

量四应中正，或在一山作穴。

折穴

此以水折而言，与后折中正不同。

折穴

折者，折中正而取穴也。

起伏脉图说

<table>
<tr>
<td></td>
<td>

雄就雌者取其雌，

雌者白虎也，就者后至而包前也。如龙包虎之地，宜傍右边作穴，所谓取其雌也。扦法同右仙宫。

</td>
</tr>
<tr>
<td></td>
<td>

雌就雄者取其雄，

雄者青龙也，如虎包龙头之地，宜傍左边作穴，所谓取其雄也。扦法同左仙宫。

</td>
</tr>
<tr>
<td></td>
<td>

雌雄相就者兼取之。

相就者，龙虎无先无后，并到穴前也。宜傍两边杵作两穴，故曰兼取之。如此之地，全在智者消详。须是龙虎身上肥满端秀，如仙人大坐、螃蟹出游等形，而下眼穴。如土石焦枯，有骨无肉，反主争竞，出人不和，切不可下。《驻马摇鞭》云："两宫齐到，人皆道好，必主杀伤，人生烦恼"是也。

</td>
</tr>
</table>

独案者定其内以接其脉，

独案者，以龙虎为案也。接者，接后脉也。地或坐龙向虎，或坐虎向龙，只以两臂横山取应，宜于来脉斗处，大开后坐，接后脉也。《指南》云："横山要向直中扦，无脉要有静。"或抱山连枝护穴亦可，无则不可下也。

先缓后急者取其急而正受。

先缓者，言后龙退卸，退尽又起大山，宜中正立穴，后龙退尽，全无杀气，玄武虽峻，亦无祸害，故曰取其急而正受。《八分歌》云："缓山缓性急处，安此地合天关。"

先急后缓者取其缓而回迎。

先急者，后龙未曾退卸，煞气太重，宜于弯环斜侧之处寻穴。如无此穴，则依红旗穴、曲池穴作迎穴扦之。《八分歌》云："大山急性缓处下，此是贵人马。"

左博换者取其辅，

左辅者，青龙也。谓中间无天心，元辰直，不可下。宜于龙断而复起之处，坐龙向虎为案而下之，故言取其辅。

右转换者取其弼。

右弼者，白虎也。白虎断而又起，宜于右边扦穴，坐虎向龙，故言就其弼。《立锥》云："形倾左右，穴居两边。"

见亭驿则就亭驿而立应，

亭驿者，龙行之休息处也。如此形穴，有大有小，若山尽处有大地，则其地必小，易兴易废。若尽处水割风吹，无穴可扦，则亭驿反为大地。立应者，言应乐也，无此则无穴矣。即《立锥》云："立起三横而三伏之穴也。"

气过脉而旺则抛脉而就平。

气过者，内脉直，左右护不住也。旺者，脉无风吹水割之患。如此者，穴不在内，直至平洋，如灰泄线，略露玄武，或小小安坟，或内护，或外割，或在水，或在田，水城环绕，土牛不牵，多成大地。抛脉者，舍本身之脉而就平。

内广外博者兼取之，

内广者，龙之中气也。外博者，龙之尽处也。广者，宽而不迫。博者，诸件星峰罗列于前，多而不野散也。如此内广而不迫，外宽而不旷，则内外皆成大地，故曰兼取之。即陈公甫《土牛》云："胎中一脉真荣贵，水底一穴圣贤生"是也。

内直外场方接截之。

内直者，脉来急，左右山去水亦直，宜寻过脉处，依包穴下之，则山水横而不直，故宜横截之。即《八分歌》云："一重案山一水来，横截莫疑猜"是也。

散乱者从其曲，

散乱者，言星峰落地，散乱难寻，宜于众山中，寻一山有弯曲者，就上扦穴，故言从其曲。

钟于左右

覆月者取其钟。

钟者，聚也，言从其气聚扦穴。《全书》作"中正"之中，非。盖山如覆月，多扦角穴，中间穴多不用，有龙傍龙，有虎傍虎，此常法也。起伏脉中间，必有此形穴。

蟾宫

仙带脉、平受脉亦有之，须合太阴金水，方可扦之。《经》云："有月人皆葬两角，中央何事不安坟。三五盈时三五缺，两头光彩独长存。"

进短者从其所发，

进者，朝山也。短者，朝山送到前，迫立不宽之穴也。从所发者，从坐山之上高扦穴也。如此之穴，明堂迫狭，山皆上聚下散，故宜于山顶依盖穴下之，使客山不压穴为吉，故言从其所发。

进长者认其低伏。

进长者，言朝山进前而明堂长达，则堂气下聚，故宜于低处，受堂气，扦粘穴，故言"认其低伏"。低者，四边之山低小，如人伏地之形。穴若高，则气散而不聚也。

内峻者从其外而取平，

内峻者，谓玄武压穴，元辰斗泻，龙虎抱外，宜于龙虎尽处，傍其水城，明堂平正，夹室分明，多成大地，故言从其外而取平。

内高者从其下而取藏，

内高者，中心乳高，两傍龙虎低，天心露风，宜随龙虎低处，依粘穴扦之。高则露风，取藏风得水之法也。杨公云："只恐东西穿破缺，风吹入来终绝灭。更须低下取窝藏，避缺趋全真妙诀。"

气脉俱往者取其回。①

气者，水也。脉者，山也。此言山水直去不住，或连生数枝回抱，亦顺而立向。如有一重抱，亦无地。如本身不受穴，便寻顾祖穴下之。此穴财禄急发，先富后贵之吉地。

以上系起伏脉。若此者，起伏脉之大略也。

---

① 不受穴则迎之。

仙带脉图说

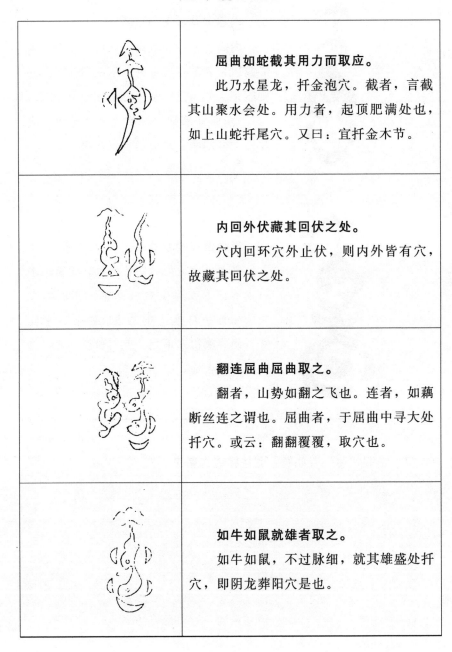

屈曲如蛇截其用力而取应。

此乃水星龙，扦金泡穴。截者，言截其山聚水会处。用力者，起顶肥满处也，如上山蛇扦尾穴。又曰：宜扦金木节。

内回外伏藏其回伏之处。

穴内回环穴外止伏，则内外皆有穴，故藏其回伏之处。

翻连屈曲屈曲取之。

翻者，山势如翻之飞也。连者，如藕断丝连之谓也。屈曲者，于屈曲中寻大处扦穴。或云：翻翻覆覆，取穴也。

如牛如鼠就雄者取之。

如牛如鼠，不过脉细，就其雄盛处扦穴，即阴龙葬阳穴是也。

	**强拱于柔者取其柔。** 强者，大也；柔者，小也。此二形穴，只以拱辅而定穴，强拱于柔，柔贵强贱，故就其柔。
	**柔辅于强者就其强。** 柔辅于强者，见得强贵柔贱，故就其强龙。《经》云："雄若为龙雌作应，雌若为龙雄听命。"
	**辅弼拱应者并其辅弼。** 辅弼者，龙虎也。拱应者，朝应也。如左右两山应穴，必扦两穴，故言并其辅弼。
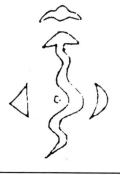	**如龙尾之曳有藏纳者下之。** 龙尾者，山之形也。拽者，牵之状也。藏者，藏风也。纳者，纳向也。言脉飞扬，必就其藏风弯曲处扦之，使穴内不见余气，飞扬而去，只见前砂，如人送纳物件至前，亦可为吉地矣。

如瓜藤之蔓有节目者下之。

龙如瓜藤，宜从节目下穴。节者，分脉众多是也。宜于未分处，依盖穴下之，使众枝无力可也。目者，即过脉处如包如梭者，是依包穴下之。

低软无靠亲其所应。

本身低小，难于倚靠，全亲近应乐点穴，小小作用，切忌伤龙。

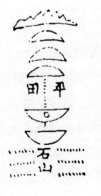

突兀陷断回看其母。

突兀陷断者，一断一续，穿田渡水，前尽处风吹水割，难以扦穴，便宜寻转依奇怪穴法，择其旺者，坐一向一，回龙顾祖，切不可以水分八字为嫌而不下也。登后乐见合襟为上。或曰："向脉直扦，即倒骑龙背穴是也。"

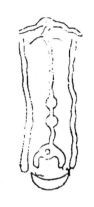

即而连接其前有有受。

前言突兀陷断，断之深也。今言断而连接，断之浅也。浅则言前尽处必有形穴，故言其前有受也。

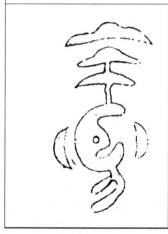

伏脉如枝向立其应①。

脉如树之枝状者，隐伏而小，故宜全靠应乐扦穴立向。刘公《奇怪穴》云："如前后无穴，来龙奇秀难舍，便寻过脉有包，或两头小中央梭肚处扦穴，亦为大地，不可忽也。"

以上仙带脉。

---

① 穴坐其节。若是者，仙带脉之大略也。

平受脉图说

星应于母者就其母，

星者，左右应星也。如左右有山，应其母者便就母山扦穴，仍于穴前作成一臂，使穴内不见元辰直去为吉。母者，脉断后又起一员山，撒下平地，宜于上扦穴，依捋须穴扦之，为吉地也。

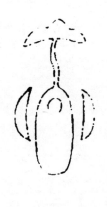

无龙者即其所受。居上则上，

无龙看过脉，不起小山，便撒下平地，左右有乐山，就上扦穴，故曰"居上即上"。

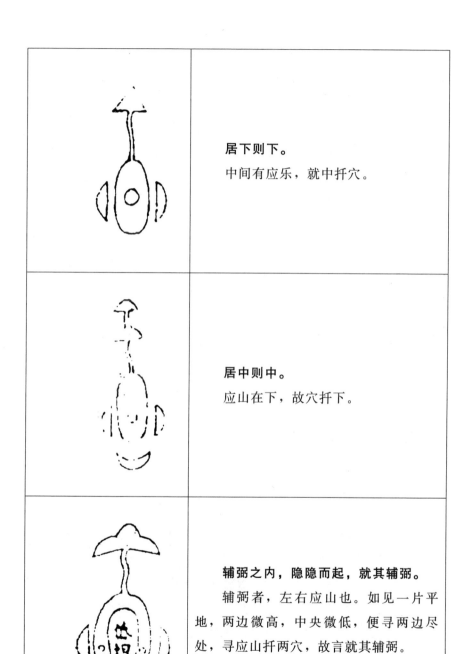

居下则下。

中间有应乐，就中扦穴。

居中则中。

应山在下，故穴扦下。

辅弼之内，隐隐而起，就其辅弼。

辅弼者，左右应山也。如见一片平地，两边微高，中央微低，便寻两边尽处，寻应山扦两穴，故言就其辅弼。

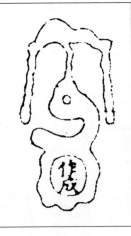

大无藏伏，就其所过。

大无藏伏者，护山不到，前行露风，只于左右护山尽处，就紧扦穴，仍于前作成一臂，使穴内不见余气去方吉。

有藏伏者，就其所藏。

坐脉低小两边山高有藏聚便宜于藏伏处扦穴，得水藏风，多成大地。

直取其直之尽，

此乃平洋之地，不问横盘，皆要寻脉之尽处扦穴。

横取其横之尽。

以明堂朝对取穴，故言取尽。大抵脉横来脉缓，多在尽处扦穴。

大小有差，择其大者，有母者均用之。

差者，言山有差等也。小大者，山脉也。不过小中寻大，大中寻小，扦穴之法，只就一山与众山相异者，便就其上扦穴，即众大取小、众小取大之法也。如大山有情，又可舍小取大，故言有母者均用之。

大小等视其长短，审其中正，傍其石脉。

俱等者，言山脉一般，无大小可别，与前法相异，只以短长中正石脉取穴。短者，言坐山短、龙虎长；长者，言坐脉屈曲，龙虎直送，即坐穴长而龙虎短。石脉者，一片平地，非窝非乳，无头无面，难以取穴，只视四方朝应，寻其中正处，观其前后有石脉，随朝立向，扦穴中正，非坐穴中正，以明堂朝应中正是也。

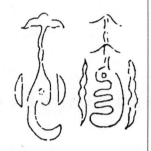

气脉相逐，不取其回，即取其禄。

相逐者，脉之来如水就下也。回者，言余气回环，用其卫穴。禄者，送龙头起员山也。《龙经》云："掉臂前头忽起峰，定有真龙居此地。只看护托回转朝，揖在前真气"是也

脉会者指其正，

会脉者，言左右前后之脉，会于平地，即量穴是也。杨公诗云："共山共穴共来冈，磊磊埋来似种姜。后学之人难晓会，只将十字对天堂。"十道者，古法子午卯酉庚丙壬应穴，二十四向皆同。

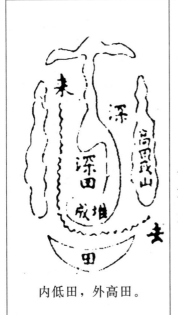

内低田，外高田。

脉伏者就其过。

伏者，左右前后之脉，如人身伏于地上也。如见前后之脉皆伏，便于伏处取穴，前有余气，去而不远，远而无用，亦为大地，即骑龙穴是也。

宛宛二龙，穴卧其中。

宛宛者，脉之活动也。如见二脉屈曲，活动有情，便于上取应乐，扦斗斧穴。如不可扦，便寻二穴之中，或有五色土石，以合气穴扦之。

以上平受脉。若此者，平受脉之大略也。

以上诸穴，或以龙力取，或以朝迎取，其类不一。更以抛、接、迎、就、缀、粘、量、折，八山八穴时用，形势既定，血脉不差，天门地户照应，三位明堂不陷，帝位生成，宝殿镇位，不犯诸局凶杀，与法无违，而取周密也。脉惟三种，起伏脉者，气之急也，宜于小缓处取穴。如不小不缓者，以撞穴扦之。仙带脉者，气之缓也，宜大而急处取穴，如不大不急，即以盖穴下之。平受脉者，气之散也，宜于众山聚处取穴，如不聚则无穴矣。即《葬经》云"支葬其巅，垅葬其麓，卜支于首，卜垅于足"。抛穴，客有情而就客；接穴，主有力而就主；迎者，主迎客也，即回龙顾祖之地；就穴，客就主也，即二龙争珠之地；缀穴浅高；粘穴舍主，低也；量穴，量四正均平，以中正取穴；折穴，折左右龙虎，端对取穴。天门乾也，地户坤也，言水未去也。三位明堂者，内阳即穴前龙虎内也，中阳龙虎外也，外阳即水口之内也。

凡地内阳平正，发速；中阳平正，发迟；外阳周密者，发福久远。如三阳平正，则为十全之地矣。帝座，穴之托山也，宝殿龙楼之出帐也。诸局凶杀者，天狱天狗天冲天败天穷无魂也。无魂者，或缠护太过，四山压穴，内无正面，外返朝入，局迫幽阴，日月不能炤烛，故言无魂也。或缠护不过，四水不归，内无水聚，外无夹室，脉穷气散，则生气散于飘风，亦言无魂也。更有青龙头尖，或射塚，则亡者不安，亦为无魂之地。魂者，言气也。大凡吉地，阴阳冲和相等而成之。缠护太过，即阴气盛而阳气衰。不过者，阴衰阳盛，故《葬经》云"天光发新"者，言登一见如光之新发也；"朝海拱辰"者，如众星之拱北辰也；"四势端平"者，言左右前后之山，不高不低，不斜不倚，端平朝拱；"五害不侵"者，言不生草木曰童山，被雷打人掘曰断山，无土石相和曰石山，走而不住曰过山，无护卫曰独山，前后不开曰迫山，左右不开曰侧山，此为葬家大凶。

穴法之妙，解中有解，此不过为学者举一隅耳，须以三隅反可也。

穴法图

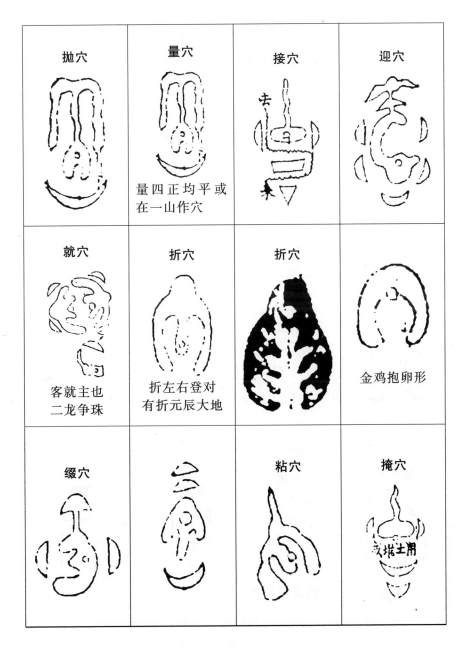

抛穴	量穴 量四正均平或 在一山作穴	接穴	迎穴
就穴 客就主也 二龙争珠	折穴 折左右登对 有折元辰大地	折穴 金鸡抱卵形	
缀穴		粘穴	掩穴

天机二十四穴法

木星，紫气贪狼吉。**天财**，巨门吉。**孤曜**，禄存凶。

游荡，文曲凶。**燥火**，廉贞凶。**金水**，武曲吉。

天罡，破军凶。**太阳**，左辅吉。**太阴**，右弼吉。

木星 贞木贪狼	贪狼木星	左挽木	右挽木
真紫气	平头紫气	金水紫炁	双秀木
劫杀木	土星 左挽土即天才	右挽土	孤曜天才

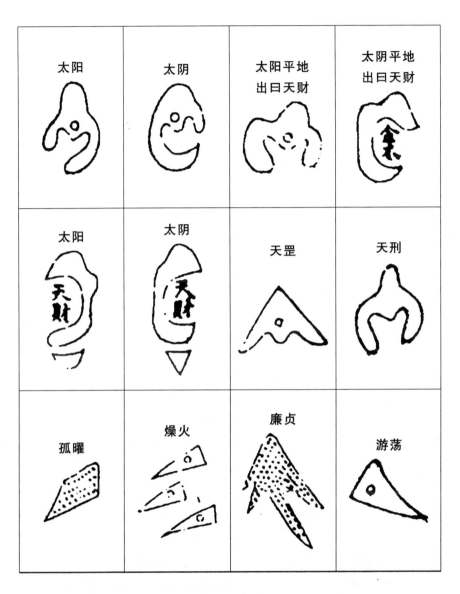

此理须少而顺学者，不可不晓，只触类而推，又不可按图不变也。
总归于肥厚端正为吉，尖薄偏斜为凶。

郑知县十六穴法

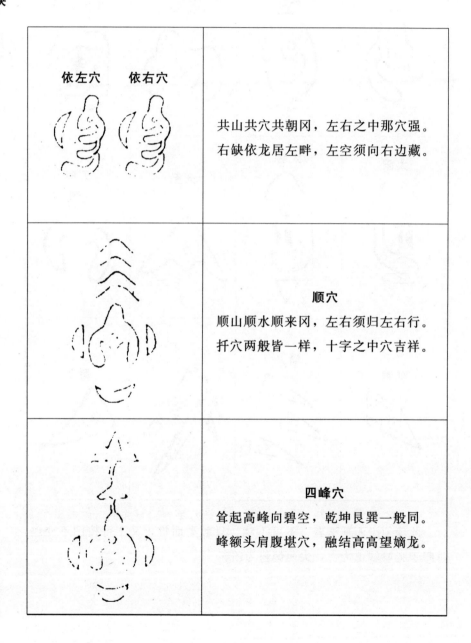

依左穴　　依右穴

共山共穴共朝冈，左右之中那穴强。
右缺依龙居左畔，左空须向右边藏。

顺穴

顺山顺水顺来冈，左右须归左右行。
扦穴两般皆一样，十字之中穴吉祥。

四峰穴

耸起高峰向碧空，乾坤艮巽一般同。
峰额头肩腹堪穴，融结高高望嫡龙。

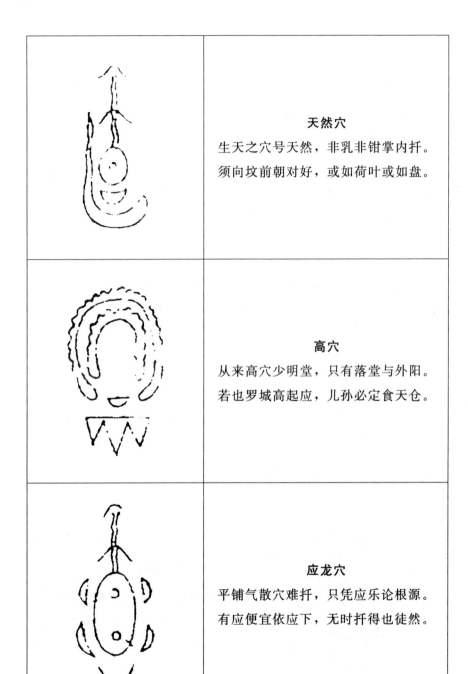

天然穴

生天之穴号天然，非乳非钳掌内扦。

须向坟前朝对好，或如荷叶或如盘。

高穴

从来高穴少明堂，只有落堂与外阳。

若也罗城高起应，儿孙必定食天仓。

应龙穴

平铺气散穴难扦，只凭应乐论根源。

有应便宜依应下，无时扦得也徒然。

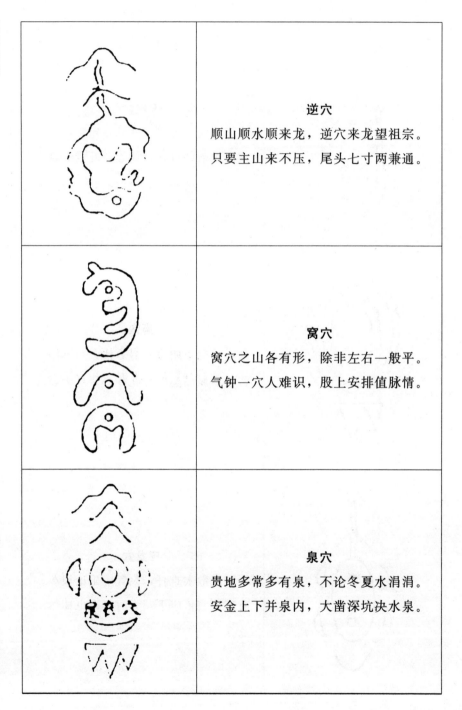

逆穴

顺山顺水顺来龙，逆穴来龙望祖宗。
只要主山来不压，尾头七寸两兼通。

窝穴

窝穴之山各有形，除非左右一般平。
气钟一穴人难识，股上安排值脉情。

泉穴

贵地多常多有泉，不论冬夏水涓涓。
安金上下并泉内，大凿深坑决水泉。

横脉穴

横山无虎亦无龙，但有迎龙及应龙。

下字穴头安一点，若无来脉只如空。

蟠穴

西上来龙向亦西，蟠蛇相聚水相随。

义门孝友咸称善，王字头钳了细推。

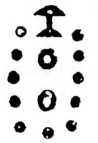

台穴

百衄平田十数台，但寻大小两中栽。

更寻低下高安穴，仍要单台两圻排。

形如乱星，取大者如月，要水铺无水，孤台不可下之。

峻穴

扳援高山险峻危，或凹或凸与天齐。
应龙千里为天子，凤阁龙楼上玉墀。

兽穴

出身肥短名为兽，额广头平脚不长。
内外网罗身不动，扦坟额上好安藏。

禽穴

觜尖头高鸡见蛇，金笼象应翼还遮。
捕生食粟俱为应，颉取隆隆穴莫斜。

详观十六穴法，依右穴者，不过有虎傍虎，即右仙宫穴也；依左穴者，有龙傍龙，即左仙宫穴也。顺穴来龙直来，此样穴法，扦之最难。来脉直必有杀，不可当头而下，正穴须看应乐，依撞穴下之。如后断尽到地过脉者，则坐杀无妨。四峰者，多是平洋之地，有四山相对，明堂作穴，须择其坐山有气，水城绕者为主，要明堂正吉。天然穴者，亦平洋之地，龙脉大尽，如人垂掌形，或如荷叶样，下水珠住处穴。高穴者，大山之上，罗城高耸，上聚下散，只在山之顶上，寻有平窝，要如低穴明堂一样者，为吉穴，下之。山飞走，只是余气，依盖穴下之。应龙穴者，平洋之地，随应乐点穴，依抛穴下之。逆穴者，多是仙带脉之地，谓龙顺而穴逆，回龙顾祖之地，依迎穴下之。窝穴者，须要穴后有顶，左右一般，若边长边短，只宜依侧掌穴下之，或依倚穴下之。泉穴者，须要后龙重重，出帐过峡，盖座分明，合河洛四龙法者可下之。横脉者，须要后脉对向有情，依节穴下之。蟠穴者，平洋中或山或田，蟠屈如转作穴，水城环绕，主人和义，依盖穴下之。台穴者，平田之地，乱山数十，众大寻小、众小寻大者作穴，众石寻土、众土寻石，依粘穴下之。峻穴者，坐山峻急壁立，如此之地，依盖穴下之亦妥。龙真穴正，方可下之。兽穴者，多是初龙腰落，须是四方环绕，方可下之，不然则散走不住，脉急者依倚穴下之，脉缓者依盖穴下之。兽身短而勇，只富不贵；禽穴者龙虎相登，脉落清秀，主富贵双全。脉急依撞穴下之，脉缓则正坐。大抵兽穴多浊而富，禽穴多清而贵，更以砂水别之，万无一失矣。

刘白头六般有脉穴

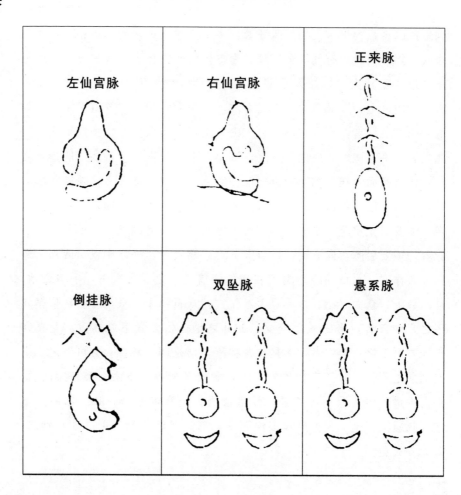

以上有脉六穴，前篇已论之详，故不再注。

十般无脉穴

山坳绝

龙虎盘旋好朝对，奈何无脉穴蹊跷。
两边风射无人觉，财散人亡似雪消。
此是横山作穴，龙虎腰断，两边风
吹，纵有朝对，亦非吉穴。

鹅颈绝

山脚来如鹅颈长，莫言是穴细推详。
千峰一岫君休对，葬后人家主少亡。
此地左右护送头尖，来脉风吹水割
故也。

城门绝

城门者，为大地作门户之处，岂得
有地？

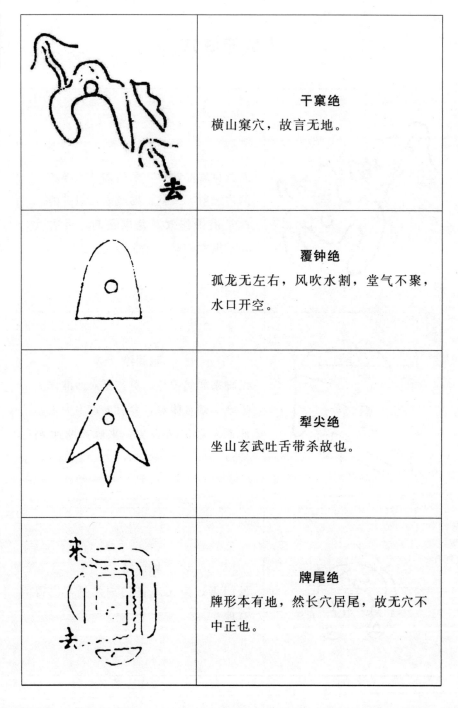

干窠绝

横山窠穴，故言无地。

覆钟绝

孤龙无左右，风吹水割，堂气不聚，水口开空。

犁尖绝

坐山玄武吐舌带杀故也。

牌尾绝

牌形本有地，然长穴居尾，故无穴不中正也。

源头绝

此地大山之干源，源流花假，左右不伴，前山又去，作别地凶。

大坂绝

大坂亦有好地，此前无脉，风吹水割，无左无右。

马眼绝

此地后山峻急，玄武压穴，有好朝对，亦凶。

今注十般无脉穴，谓横山无直脉与应穴也。

廖公十八穴法

余气迢迢到曲池，偏宜后乐断风吹。

更防箭射元辰水，左右交流不可亏。

起顶要后乐恟，元辰直，凶。

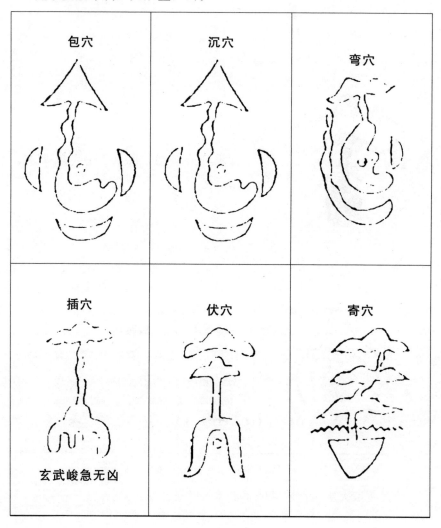

包穴　　沉穴　　弯穴

插穴　　伏穴　　寄穴

玄武峻急无凶

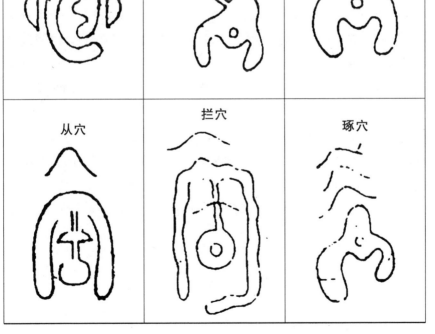

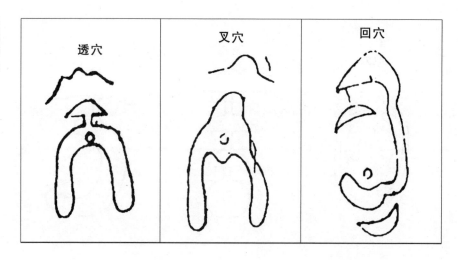

已上十八法，包节曲池穴，要托左右不空吉。沉脉穴斜细，曲不伤龙，取明堂毡褥下穴。弯穴取水聚处下穴，不拘坐脉，有天心处亦可。插穴左右水直立，深穴不见左右水吉，伏穴左右飞扬，穴宜藏伏。寄穴龙分晓穴模糊，只于尽处寻穴，却被风吹水割，便宜寻转，择其旺气可下者，坐一向一不向，水分八字而作穴。风穴是高山顶上，一片平地，亦有左右龙虎，四山皆高，藏风作穴，舍去护送。流者傍水城扦穴，莲花出水，白象卷湖，游鱼上水之形。节穴大势不回，傍有枝节，山水坦夷，穴取藏伏。偏穴或坐龙向虎，或坐虎向龙。斜穴脉势斜来，亦宜斜坐受气。正穴端正之穴，从穴两边山随从到穴，宜依从山两边下两穴。拦穴来山顺来，忽生臂拦住，便于此立穴。琢穴龙法十分，只是玄武嘴长，宜从左右护山扦穴，以玄武嘴掘断，堆成一臂包穴。琢者，磨也。透穴坐下须有后脉，天心不起，龙虎头大，穴防脉走透，宜大开深接，后脉立穴。叉穴只是明堂直，宜于堂内折水屈曲为吉。回穴即回龙顾祖穴也。

五星穴格入首出面坐向法

此穴以坐山形像五星定之，即金圆土方之类。如坐山金星忌木，火穴宜土，金水穴不问坐山大小，上至山头，下至山脚，平分作入首，只于穴内格看是何山、立何向为吉。若艮山入首，当立丙丁向之类。又看明堂朝案立向。

总论盖粘倚撞四穴法

凡穴上气脉如草蛇灰线，最难体认，其法只取分水形状，高处为准的，尤要明堂自然融结，方可概论来脉之缓急，与作盖粘倚撞四穴法。何者？穴之毫发，不可以人力为之，大要在聚散上审订，亦要凭应乐以避地中之风，所谓"乐不必专拘于峰顶"。凡本身客山，明暗翼臂皆是，但穴后不可无。假如两翼必有一长一短，则长者为乐，穴取其长；又有左右一高一低、一远一近，则高近者为乐，穴合取其高近者。或一重两重，则两重者是乐，穴合取其两重者。盖护送之乐至穴不可断，断则风入矣。

诗曰：草蛇灰线最为奇，但把图形仔细推。

若悟盖粘并倚撞，地中切忌被风吹。

盖粘倚撞毬架折插斩截钩坠十二穴

盖穴

穴名盖，须求来龙之宽紧，高山平洋，皆有此穴，但看入首脉真，朝穴沙见。沙若太高，穴与沙照；脉若太低，穴在脉上，皆谓之"盖"。若盖穴，开窟不过三尺四寸六寸而止，明堂不可太低，不可以五星入首定浅深，恐有差失。龙紧脉渊，龙宽脉狭，故盖穴谓"塞桶漏下后便发"。明堂平正入首，脉低只得抱喉，盖气脉而下，却要后龙有应乐，以蔽风吹。又《土牛》云："缓到不妨安绝顶"，又《葬书》云"支葬其巅"是也。

盖穴谓龙就到穴，合法度有情，入穴脉微，朝对之沙高，只当贴于脉上，当于过犹不及处详其情意，大开平洋作窟穴，与对沙相登是也。

粘穴

　　穴名粘，须识来龙之高低，高山平洋，皆有此穴，但入首脉显，朝坟沙净，脉若太高，穴在脉下；沙若太低，穴与沙揖，此谓之"粘"。粘穴开窟，不过四尺五寸而止，明堂不可太迫，又不可以五星入首定浅深，恐有差误。龙高脉开，龙低脉阖，故穴粘谓之"朝贫暮富，初下便发"。入首脉高，气脉上急，就下歇处立穴，墓尾土粘接来脉不妨，盖不曾揭动来脉故也。《土牛》云："急来何怕葬沉泥"。凡穴峻急，则来山止处用土垒接，若峻急之脉再起小峰，于山峰上扦之，《葬书》云"陇葬其麓"是也。

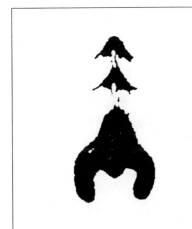

　　粘穴谓龙到穴合法，有情不可舍，但入首之脉高，朝坟之沙低，于脉尽处平地立穴，与朝沙相登是也。

倚穴

　　倚穴者，须看来龙之远近，高山平洋，皆有此穴，但看入首脉正，朝坟沙饶。脉若太低，穴遁脉中；沙若太高，穴与沙应，此谓之"倚穴"。穴开窟五尺六寸而止，明堂最要宽平，又不可以五星入首定浅深。龙远脉微，龙近脉紧，故倚穴谓之"南枝春，早近暖者先发"，亦要穴后有应乐。《土牛》云："同姓同名共葬埋，要知龙自那边来。"凡穴之左右不均，不宜乘正脉，但倚一傍而下，然撞左长发，撞右小发，终是不均。倚者近也，如倚左龙近、倚右虎近是也。

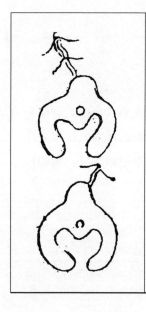

　　倚穴谓龙到穴合法有情，而入穴脉正，朝坟沙高，当于无过不及处，斗领开穴，亦与沙应也。

撞穴

撞穴名者，须辨来龙之挨捏，高山平洋皆有此穴，要入首脉明，朝坟沙员。脉若太重，穴当脉微；沙若太横，穴与沙平，此谓之"撞穴"。开窟不过三尺六寸而止，明堂须要宽广，但不可以五星入首定浅深。龙挨脉齐，龙捏脉归，故撞穴谓之"撞钟"，五百年不坏尸。气脉直来微斜，赶先到水，而后逆受气，亦要穴后有应乐，若顺下则凶。《土牛》云："气脉顺行人少死"是也。凡微斜逆受气脉，乃法之常，须赶左右先到，斜微向之，曰"撞"。此穴最稔，当均平。诗云："撞穴时师都不见，平地高山穴如箭。血脉气节影中求，一穴天然如插扇。"

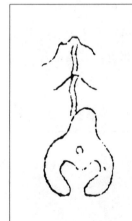

撞穴如龙到穴合法，件件皆好，而入穴之脉重，朝坟之沙横，当于脉微缓之中，取朝向龙虎先到者，立向与朝山有情是也。

毬穴

毬穴者，须来脉献驮，高山平洋皆有此穴，须看入首脉见，朝坟沙紧。脉若太微，穴与脉就；沙若太紧，穴与沙饶，此之谓毬穴。穴开窟不过四尺七寸而止，明堂不可掬促，不可以五星入首定浅深。龙献脉朴，龙驮脉薄，当如此辩之也。毬者，脉抛而结毬褥也。

毬穴如龙到穴，件件合法，而入首之脉微，朝坟之沙紧，当于沙之相就处，看沙之趋向，巧开脉门，到首有情，开浮土穴，用力整顿，穴前明堂与朝揖相应，方是正穴。

架穴

架穴者，须识来龙之环拱，高山平洋，皆有此穴。须看入首脉中，朝坟沙平。脉若太过，穴与沙饶，此之谓架，开窟不过五尺三寸而止。明堂须宽广，又不可以五星入首定浅深。龙环脉缩，龙紧脉伸。架者，横山之穴也。

架者，龙之到穴有情，而入穴太过，朝穴之沙太近，当于紧处立穴。明堂与太过脉相连，朝沙相应是也。

折穴

折穴者，须看来龙之整驻，高山平洋，皆有此穴。要看入首脉平，朝坟沙见，脉若关展，穴在结聚；沙若过坟，穴当平坐，折左右均平，此之谓折。开穴不过五尺六寸，明堂须要收拾，龙整脉拥，龙驻脉卷，如此辩之。折者，脉来开展聚折，左右匀平也。

折穴，龙到穴有情，入首脉到头开展难辩认，却于脉之结聚处、高紧处斜出取穴，收拾开展之脉，与沙高低相应，沙水不至顺流可也。

插穴

插穴者，须知来龙之抖挫，高山平洋，皆有此穴。要看入首脉见，朝坟沙明。脉若浮漏，穴在脉中；砂若不及，穴与沙揖，此之谓插。开穴六尺七寸，明堂须要拱揖，龙抖脉近，龙挫脉送到之。

插穴谓龙到穴有情，入穴脉横高，紧不紧，缓不缓，当于横之中、高之下开穴，阔狭与钓沙相登，钓乐贴在明堂，接引沙水为好也。

缓不缓，外有拱揖；紧不紧，内无环抱。

斩穴

　　斩穴者，须看来龙之收放，高山平洋，皆有此穴。要看入首脉显，朝坟沙应。脉若太长，穴接脉心；脉若太迫，穴与沙饶，此之谓斩穴。开窟不过三尺四寸，明堂多是近直龙收脉，就游龙放脉，如此分明。

	斩穴者，龙到穴有情，入穴之脉太长，朝穴之沙太迫，如古人之截长补短，只要点穴与朝沙相饶揖，锁定立穴，铲开穴道，以接正脉取穴，则穴无迫近之患。

截穴

截穴者，当知来龙之起伏，高山平洋，皆有此穴。但看入首脉结，朝坟沙中。脉若缓散，穴当紧聚；脉若前迎，穴宜紧后，此之谓截穴。开穴不过三尺四寸六寸而止，明堂多是平仰，龙起脉直，龙伏脉动定之。

诗云：上雄直卸下又陵，稍弱中间必有停。

其法龙腰骑马脊，仙机截杖是真经。

又曰：水本两分，初年未免小败，旋则复兴。

截穴者，龙到穴合法，而入首之脉，或紧或缓，或聚或散，只得接脉之紧聚处，收拾其脉之散缓处，开自然之穴，不可不下工夫，据其见在生成，但求安穴所在，使钓沙不前不远为吉。如龙有十分吉而左右直，可用工弯作左右仙宫样，则水不直矣。

钩穴

钩穴者，当认来龙之差齐，高山平洋，皆有此穴。但看入首脉隐，朝坟沙渺。脉若紧聚，穴宜真绝；沙若微茫，穴宜搭贴，此之谓"勾"。开穴三尺四寸，明堂要收拾，龙差脉斜，龙齐脉飞，如此论之。即回龙顾祖，要接应扦点，多是坐水隔溪山，护托有情者是也。

	钩穴者，是龙到穴合法，但入首之脉，玄微难察；朝穴之砂，隐奥难见，最难捉穴。其高山来龙，来脉微妙，到脉之聚结，情意交合，其真龙难安坟，如此则以钩穴回朝，砂之微茫可悉也。平洋龙取来脉绝收其朝砂微茫，使脉与砂相应，则穴纳左，右砂应；明堂纳左，右水应，方为大地。 山回如钩，饵上可求；无顶无乳，败绝休囚。

坠穴

坠穴者，须知来龙之崎屿，高山平洋，皆有此穴。但看入首脉奥，朝坟砂宽；脉若紧微，穴当中葬；沙若渺漠，穴当头会，此之谓"坠"。开穴不过四尺三寸而止，明堂须是整齐，龙崎脉走，龙屿脉舒。

坠穴者，龙到穴有情，而入穴之脉，先紧后微。若紧微相联住绝，而朝坟之沙太缓不前，只要扦于微脉上，以接脉紧之处，如与脉相连会，方尽美矣。

崎者，有起伏之上。屿者，平地上小山。此穴须要脉落分明，明堂聚集，不然则四凶，不可用矣。

以上十二穴法，为十二大纲，观者不可一字放过，口诵心思，往复详玩，颇有意味。更以吞吐浮沉，亦为四大纲领。盖龙急用吐穴，就水城朝砂；龙缓用吞穴，以接后脉。左右山高用浮穴，使之不压；左右山低用沉穴，以避左右风吹。以此法参用之，尤妙尤妙！

穴法图说

左仙宫右仙官

毬穴在大指、点盐指之中，大富穴在大指第一节，红旗正宫穴在第二指第一节，曲池穴在二指大指头一穴绝，第二指第一节外无余气。扫荡独火，谓上无顶而下无尖，二穴皆凶，不可下。

毬穴

穴如毬样喜堂圆，两水湾环在面前。[①]
若是尖斜横直过，也须凶祸失牛田。

大富穴

大富水迎先到山，东西宜有水回环。
却防箭射前来水，三转方宜放出关。

---

① 两边龙虎内外。

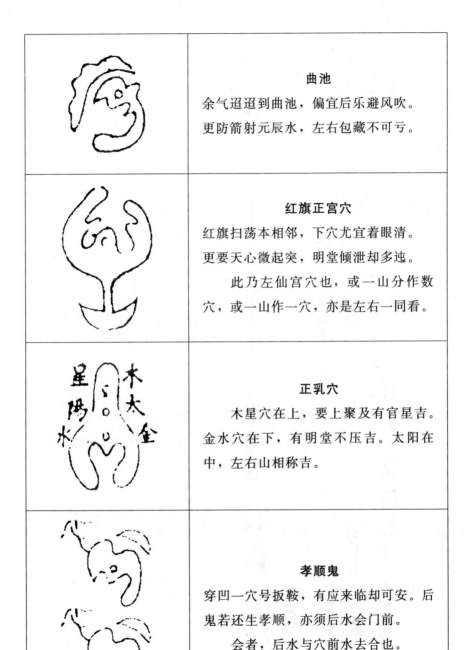

曲池

余气迢迢到曲池，偏宜后乐避风吹。

更防箭射元辰水，左右包藏不可亏。

红旗正宫穴

红旗扫荡本相邻，下穴尤宜着眼清。

更要天心微起突，明堂倾泄却多迍。

　　此乃左仙宫穴也，或一山分作数穴，或一山作一穴，亦是左右一同看。

正乳穴

　　木星穴在上，要上聚及有官星吉。金水穴在下，有明堂不压吉。太阳在中，左右山相称吉。

孝顺鬼

穿凹一穴号扳鞍，有应来临却可安。后鬼若还生孝顺，亦须后水会门前。

　　会者，后水与穴前水去合也。

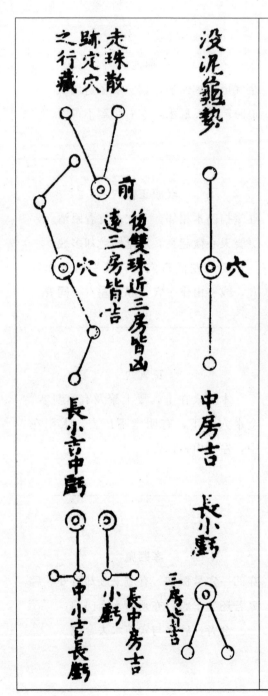

没泥龟势

走珠散跡定穴之行藏

前後雙珠近三房皆凶
遠三房皆吉

穴

長小吉中劣

穴

中房吉 長小劣

三房些吉

小劣 長中房吉

中小吉長劣

没泥龟势

此平地穴，走龟出没，起气脉处，大率穷绝，一珠是余气，切不可下，前后有珠应方吉。

诗曰：穿蹊度脉落平田，闪迹藏踪脉更玄。万斛明珠从撒放，惟须后顾护看前。

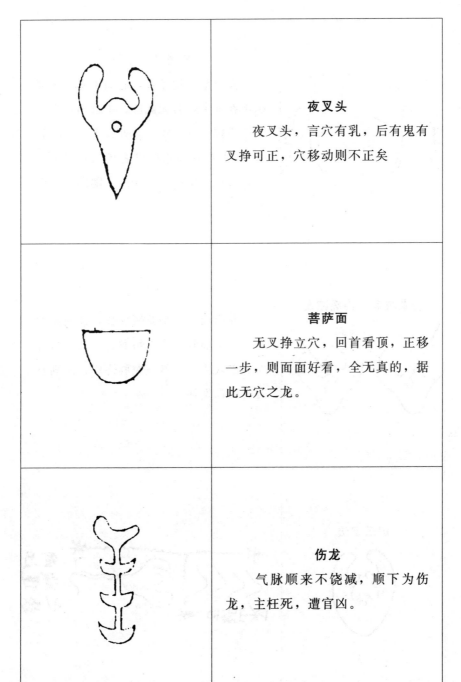

夜叉头

夜叉头，言穴有乳，后有鬼有叉挣可正，穴移动则不正矣

菩萨面

无叉挣立穴，回首看顶，正移一步，则面面好看，全无真的，据此无穴之龙。

伤龙

气脉顺来不饶减，顺下为伤龙，主枉死，遭官凶。

安龙头枕龙耳

安龙头，枕龙耳，隐而不露，两畔乐山在耳旁，若无此应，本身两臂上定之，不拘山峰肩翼，厚处亦定。《葬书》云："占首有耳角鼻目之具。其耳角之下，百尺之山，千尺相迹，随山大小而分之。"

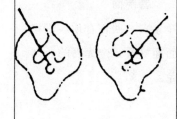

饶龙减虎　　饶虎减龙

左山前到，是龙短虎长，穴向左枕右；右山前到，是虎短龙长，穴向右枕左。二穴皆吉。然饶龙胜饶虎，虎则有吉有凶而发快。

定三掌法

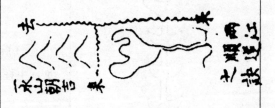

露穴

安龙头，枕龙角，露而不隐，二件应山太居后，盖角在后故也。

龙耳角定穴真假之法：盖角在耳后为应乐，不相登对，穴无藏风，不吉。取穴量度，与耳平称，相登而已。耳与穴相停，角与穴相脱，所谓"牡牝相应"，以蔽地中之风。

伤穴

气脉不住，自有他往，强于无脉处借挠，为龙虎不辩，背面坐虚立穴，谓之伤穴，凶水若直，立见退败。

弯穴

左右应乐定穴之归宿，应乐不问本身客山暗显，左右前后皆是。乐在左穴左，在右穴右，一边近穴，依近一边。

应乐长短之法

长穴依长，多则依多，巧则依巧，乐太高压穴则凶，左山压穴居右，右山压穴居左，前高穴居后，后高穴居低。四维山水平，穴大居中，最不可取高者为乐而被压。

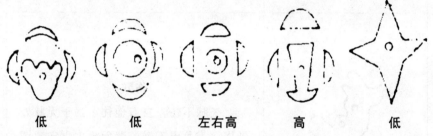

| 低 | 低 | 左右高 | 高 | 低 |

此数穴，法审长短中正立穴。

似有似无，定穴的实。以下四件，说后坐山。

如玉尺主先富　　顶员先富　　如鸡距顶尖主贵　如鹅眉主富贵

此星是立穴上面，看本身坐山，似有似无，微微起顶，有此四形，以其中正取穴。

诗曰：紫微太乙旺人星，一木和同各有名。

富贵但须回首看，时师得此任横行。

凡立穴处，左右缺陷则风入，无水送则灾重。若缺处有水送到则灾重，是风随水而来也。杨公云："明堂惜水如惜血，堂里避风如避贼。莫令穴缺被风吹，莫使溜牙遭水劫。"

杨公立锥赋①

山水秘诀，曾杨正传。寻一脉有自，誓千金而不传。虽穴法之无多，非常奥妙；于形图而括尽，莫不周全。

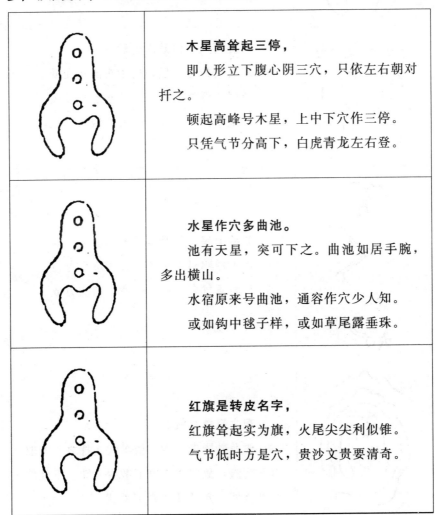

木星高耸起三停，

即人形立下腹心阴三穴，只依左右朝对扦之。

顿起高峰号木星，上中下穴作三停。

只凭气节分高下，白虎青龙左右登。

水星作穴多曲池。

池有天星，突可下之。曲池如居手腕，多出横山。

水宿原来号曲池，通容作穴少人知。

或如钩中毬子样，或如草尾露垂珠。

红旗是转皮名字，

红旗耸起实为旗，火尾尖尖利似锥。

气节低时方是穴，贵沙文贵要清奇。

---

① 陈叔文、刘江东注。

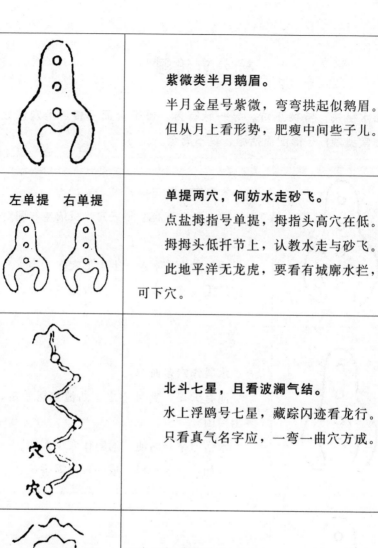

紫微类半月鹅眉。

半月金星号紫微，弯弯拱起似鹅眉。

但从月上看形势，肥瘦中间些子儿。

左单提　右单提

单提两穴，何妨水走砂飞。

点盐拇指号单提，拇指头高穴在低。

拇拇头低扦节上，认教水走与砂飞。

此地平洋无龙虎，要看有城廓水拦，方可下穴。

北斗七星，且看波澜气结。

水上浮鸥号七星，藏踪闪迹看龙行。

只看真气名字应，一弯一曲穴方成。

穴

穴

观夫高捷真气。

要龙砂皆贵，方可依盖穴法扦之，不取山下明堂，故曰"上聚下散少人知。下处但看襟合处，穴扦低处要玄微。"

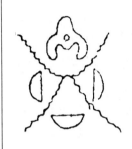

低按合襟。

合襟者，龙虎相合，四山皆聚，宜于粘穴扦之。须仿左右尖射高而压穴，以明堂中正立向。

高低二穴要天星，高要龙真低合襟。

高有高朝低水聚，吉山秀水与城门。

三起三横而三伏，

三起三横而三伏，有真有假要君系。

若是三山皆断尽，决然三穴定为真。

此言来龙如此，即玄武三山起倒，状如啄木上高枝。又言：三起三横，起落架言，自分受山至穴，三次起伏为上地。

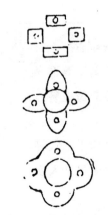

四土四木并四金。

四土四木与四金，高要真龙低合襟。

若是四峰皆有意，断然四穴好安寻。

玄武嘴长高处点，

高山玄武嘴长尖，嘴归左右用心扦。

认取堂宽归一畔，嘴如平出斩为先。

高山玄武嘴尖长，此穴高扦也不妨。

放送只宜看逆顺，烦君仔细折明堂。

仙人形势腹心阴。

即天地人三穴，法只取朝应高低扦之。

三台水脚是仙人，本是三才正出身。

有气流来看急缓，又如鞭节类为真。

金号太阳，好认三坟垂乳穴。

高耸金星号太阳，端端正正实为良。

若是垂珠珠上取，不然有块块中藏。

形如覆金，但寻一个掩脐心。

平脑金星号太阴，垂珠名字要推寻。

左右中间三穴到，不然只做掩脐心。

平顶金星号太阴，三乳均平三穴寻。

一乳只宜安一穴，儿孙荣显众人钦。

太阴扦水穴吉。

势若走鹿驱羊，须求界水。

走鹿言高山发脉之势，驱羊言落平地之形。此等形势，龙身直去飞扬，左右皆无穴，直至水城拦截处，方为大地。

形如铺毡仰掌，细认藏风。

此言平洋之地，此等气脉过，断多成虚地，须来脉分明结。

但见两个太阳太阴，亦有等无龙无虎。

此言无龙虎之地，有水城绕，亦可扦。杨公云："有龙无虎皆为地，有虎无龙亦不妨。不必专求龙虎地，单山独陇亦堪安。"

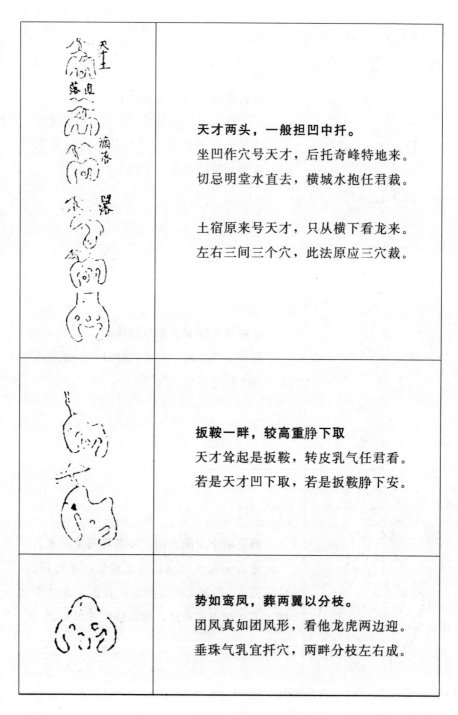

天才两头，一般担凹中扦。

坐凹作穴号天才，后托奇峰特地来。

切忌明堂水直去，横城水抱任君裁。

土宿原来号天才，只从横下看龙来。

左右三间三个穴，此法原应三穴裁。

扳鞍一畔，较高重脐下取

天才耸起是扳鞍，转皮乳气任君看。

若是天才凹下取，若是扳鞍脐下安。

势如鸾凤，葬两翼以分枝。

团凤真如团凤形，看他龙虎两边迎。

垂珠气乳宜扦穴，两畔分枝左右成。

体是旺龙，扦当心之乳穴。

饶减难量是旺龙，垂珠气聚正当胸。

若伤龙脉难兴旺，小小安坟是的中。

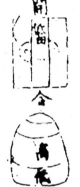

死生蚌蛤，看开合之两途。

蚌开左右，并可以扦穴，若合则有一边，宜于高厚处扦一穴，此二形出平洋有之。

孝顺鸳鸯，取横直之正路。

孝顺者，言二山并秀而相向，此地多出关峡。过脉处结穴，须是来龙官星分明。

又曰：过峡处两山相向，两边挠掉相映，穴结峡内。

或谓翔凤飞鹅，扦头扦翅而皆可。

飞凤飞鹅两翅开，势如飞鸟出林来。

侧者只宜安翅上，正者还须当面裁。

外面朝阳并应护，一边长短取玄微。

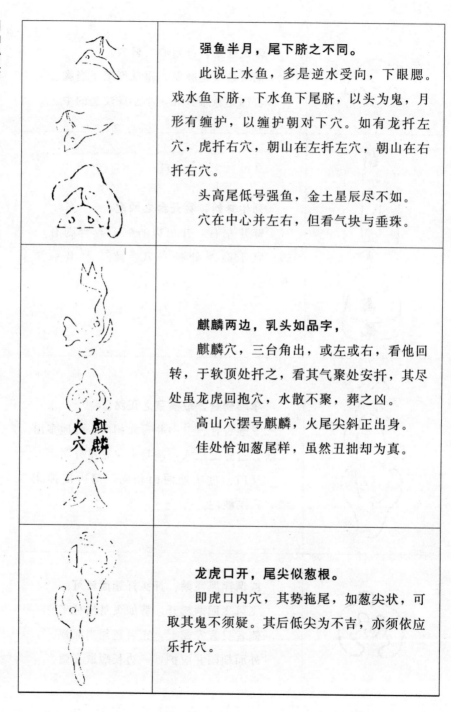

强鱼半月，尾下脐之不同。

此说上水鱼，多是逆水受向，下眼腮。戏水鱼下脐，下水鱼下尾脐，以头为鬼，月形有缠护，以缠护朝对下穴。如有龙扦左穴，虎扦右穴，朝山在左扦左穴，朝山在右扦右穴。

头高尾低号强鱼，金土星辰尽不如。

穴在中心并左右，但看气块与垂珠。

麒麟两边，乳头如品字，

麒麟穴，三台角出，或左或右，看他回转，于软顶处扦之，看其气聚处安扦，其尽处虽龙虎回抱穴，水散不聚，葬之凶。

高山穴摆号麒麟，火尾尖斜正出身。

佳处恰如葱尾样，虽然丑拙却为真。

龙虎口开，尾尖似葱根。

即虎口内穴，其势拖尾，如葱尖状，可取其鬼不须疑。其后低尖为不吉，亦须依应乐扦穴。

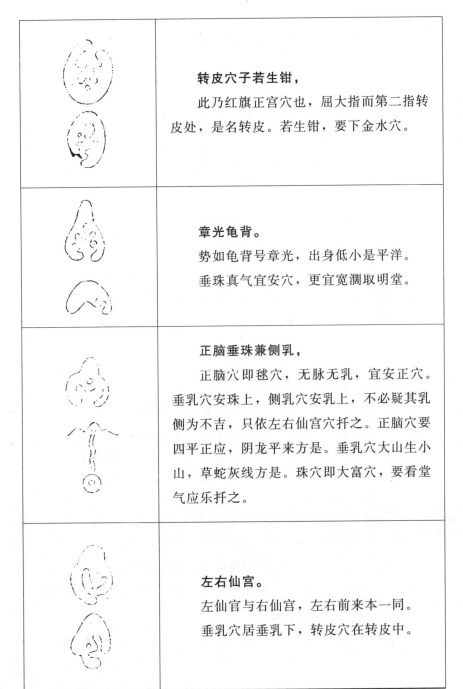

转皮穴子若生钳，

此乃红旗正宫穴也，屈大指而第二指转皮处，是名转皮。若生钳，要下金水穴。

章光龟背。

势如龟背号章光，出身低小是平洋。

垂珠真气宜安穴，更宜宽濶取明堂。

正脑垂珠兼侧乳，

正脑穴即毬穴，无脉无乳，宜安正穴。垂乳穴安珠上，侧乳穴安乳上，不必疑其乳侧为不吉，只依左右仙宫穴扦之。正脑穴要四平正应，阴龙平来方是。垂乳穴大山生小山，草蛇灰线方是。珠穴即大富穴，要看堂气应乐扦之。

左右仙宫。

左仙宫与右仙宫，左右前来本一同。

垂乳穴居垂乳下，转皮穴在转皮中。

	若是虎口推开，饱安正脑。 一说作平开。 此说金星安正脑，或水窝弦上，如低小扦窝，杀水所淋，主星所压，必绝。 虎口从来有假真，只宜饱满有天心。 更加两边兼护穴，方为吉地值千金。
	但见鼠肉微凸，宜点侧横。 鼠肉如梭肚，多出横山。 此说后龙直来，立穴之微突，宜避来山直撞，故宜安侧横处，缓则就其雄，悍急则就于弯环。
	大指挨点盐，狭处休葬。 此说撚指穴，不宜下窄槽。 穴中一看两边宽，明堂隐约有关拦。 若是两边如壁立，幽阴穴迫福来难。
	动指如摺蛇，当腰正好。 此说第二指动如摺蛇，宜当折腰处下之。 摺指之形要摺中，须令左右一般同。 后托前朝兼左右，不依正脉大侵龙。

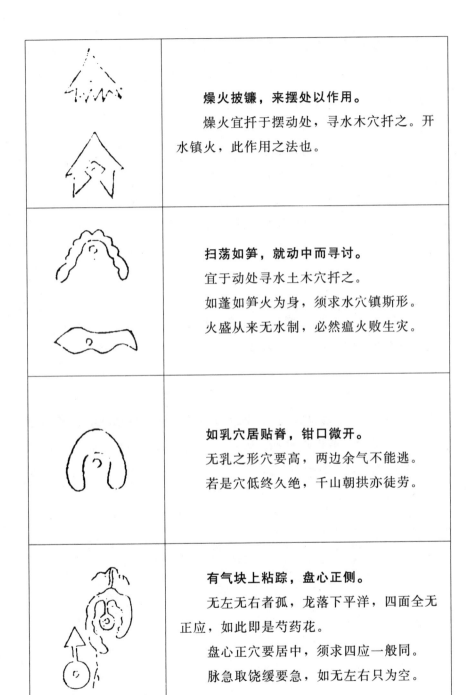

燥火披镰，来摆处以作用。

燥火宜扦于摆动处，寻水木穴扦之。开水镇火，此作用之法也。

扫荡如笋，就动中而寻讨。

宜于动处寻水土木穴扦之。

如蓬如笋火为身，须求水穴镇斯形。

火盛从来无水制，必然瘟火败生灾。

如乳穴居贴脊，钳口微开。

无乳之形穴要高，两边余气不能逃。

若是穴低终久绝，千山朝拱亦徒劳。

有气块上粘踪，盘心正侧。

无左无右者孤，龙落下平洋，四面全无正应，如此即是芍药花。

盘心正穴要居中，须求四应一般同。

脉急取饶缓要急，如无左右只为空。

闻之师曰：星辰俯者，天穴正结。峰峦正者，中停必然。势如偃仰，坟在低下。形倾左右，穴居两边。先认穴情之若何，次看应证之相连。应证者，朝山托山也。

真认名字，要识尖圆。

真穴即月形下左右角，与左右影上穴，只凭真气，不拘中正而扦穴也。定心即花心穴、月形蟾宫穴、金盘心穴，取中正扦穴。尖者是杀气之龙，宜避直杀，故宜于左右扦真气，而不受中正，即尖字也。员无杀，有仓库，缓龙也。若偏斜则不能受气，故舍偏受中正立穴也。

放送欲识玄微，不离分寸。强弱更加逆顺，便是神仙。

放送者，下穴进退也。脉急穴宜退就朝，缓则宜进而接脉；扦穴强则穴逆，弱则穴顺，此强弱进退之法也。

断之曰：来龙缓急之情，定入首剪裁之法。当急而缓，则富贵难取；当缓而急，则瘟火必生。若能熟读穴赋之一篇，定知曾扬之复出。

龙缓不急，受穴则不发；龙急不饶减、不避杀，当中立穴，必受灾矣。呜呼！若能精究穴法之玄微，便是曾杨之复出。

欲识阴阳理，无如杨救贫。得师真口诀，便是地仙人。逆顺兼强弱，须明假与真。节包珠乳炁，硬块转皮因。切要心灵巧，全凭眼力精。若将轻漏泄，天帝损君身。

穴法图

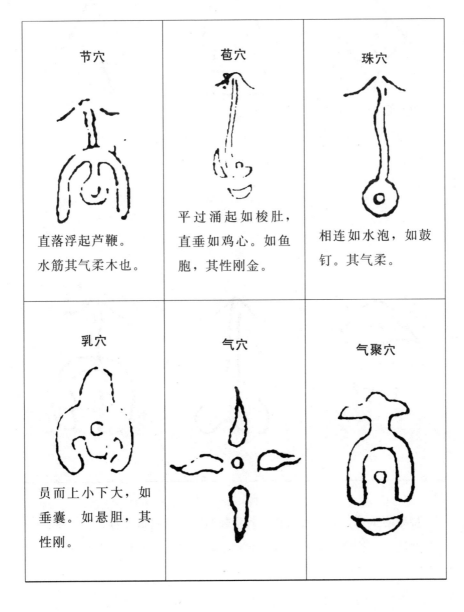

节穴	**苞穴**	**珠穴**
直落浮起芦鞭。水筋其气柔木也。	平过涌起如梭肚，直垂如鸡心。如鱼胞，其性刚金。	相连如水泡，如鼓钉。其气柔。
乳穴	**气穴**	**气聚穴**
员而上小下大，如垂囊。如悬胆，其性刚。		

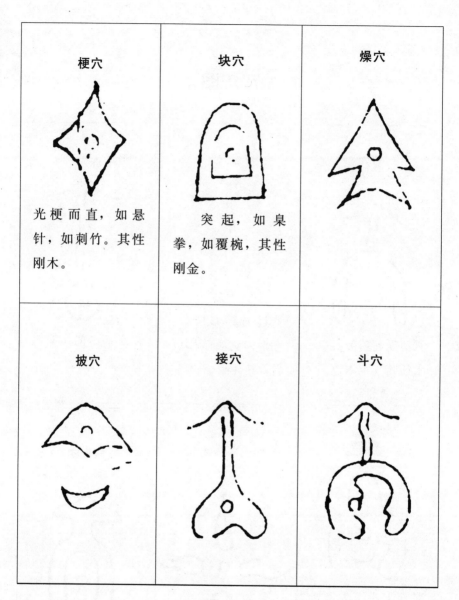

梗穴

光梗而直，如悬针，如刺竹。其性刚木。

块穴

突起，如臬拳，如覆椀，其性刚金。

燥穴

披穴

接穴

斗穴

最要心工巧，如饶眼力真。若将轻漏泄，见祸折君身。

此法乃众法之主，不可以常文目之，须是口诵心思可也。

杨公定穴指掌图

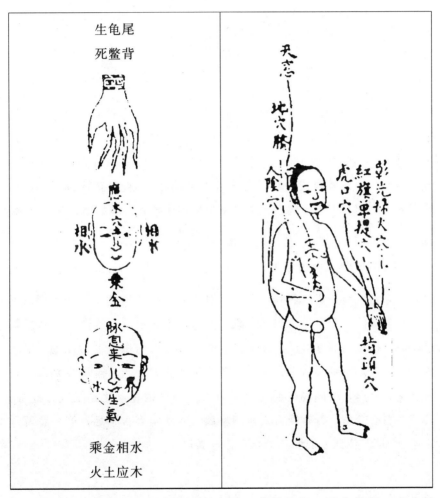

生龟尾
死鳖背

乘金相水
火土应木

阴多阳少不凑毬，阳多阴少宜凑毬。片阴片阳：平分就阳，半分处下。上阳下阴就阴，上阴下阳就阳。阳衰阴盛就强，阴衰阳盛就弱，阴阳相半就中。厚薄：厚生薄死，枕归厚处。

五星穴法①

金星

　　形势弯方号曰金，龙行西北最堪寻。前后两边皆畏火，尖斜带石祸来侵。入穴来龙宜水土，水土重重福转深。若也孤星无水土，纵然兴发不坚隆。前金后木是逆顺，前木后金暂时富。木从后出有克伤，两火夹金定为殃。火在其傍或为福，盖缘有土定相当。② 金星正形钟屏样，高厚端方为入相。正胎生出穴天然，富贵绵绵子孙旺。或如新月半月金 ◣ ◢，中央垂掌穴可扦。左月右月随气脉 ◤◥，③ 看取缠④应⑤细推寻。开金顶上垂两脚 ◢◣，两边厚处宜斟酌。或如虎口端正斜 ◣，高低要向心中着。左右之金最贵昌 ◢◣，须知穴法在中央。更有侧金如侧掌 ◗，下穴当在虎口傍。突金生出鸡卵穴 ◣，左右无卫易歇灭。连金形势似扳鞍 ∧∧∧，托在朝端方可说。此星多成端正峰，形与偃月覆钟同 ◠。虽然成形不容穴，时师误认多失踪。覆钟之形有正穴，当有微坳在别穴。若占唇嘴必有祸，中间隐隐脉不绝。月形影上必铺毡，此是正气方连绵。若归左右必有角，若有蟾宫穴宛然 ◣◠◢。穴法至多言不足，第一莫若寻止畜。⑥ 请君依此复旧坟，龙真穴正方为福。

---

① 与龙内架通用，赖布衣先生所作。
② 火生土，土生金。
③ 左傍龙，右傍虎。
④ 龙虎。
⑤ 朝山。
⑥ 山水聚处。

又金星论畏火①

金星取正不取偏，巍巍方正若巾冠。或然落落屏帐列，或然济济圭笏端。② 天关地轴各相应，三阳欲满明堂宽。切忌欹侧棺材样，瘦弱破陷何劳看。下穴坦然有怀抱，世代儿孙福禄延。

金星扦水穴吉 ，扦木穴凶 ，扦火穴凶 ，扦土穴吉 ，扦金穴吉 。

审水上有金木节。

有紫气，木体柔。

或有剪火，法要宛宛。

有凸则气结而可下，无则怯弱不结。

似水动处可，扦低可，小穴吉。

中穴可剪，以火为官曜。

坳乃土星，见水主黄肿绝人。

水星

水星流动最多情，屈曲生来是正形 。平地生蛇真可喜 ，散花五鬼穴难成 。高岭腾腾如叠帐，顿起金星生将相 。前行遇木富贵荣 ，遇火遭刑反遮障 。大凡他星怕克神，水逢土住不同论 。行到土

---

① 金星结穴化出水土则吉微窝开口皆水脉也。

② 无脚是木。

边生富贵,穴无缠护作神坛。[①] 更有一般土前水,回来作穴进田地。

左右横波皆可扦,只要转头皆有意。[②] 水星弯曲势盘旋,三曲三弯

亦可扦。[③] 若也连连头不转,水头作穴祸连绵。此名覆水头无力,千

个时师无取穴。却来误认作蛇形,下了令人灾不息。五行最妙是水星,

西北之方生复生。横中取曲是真诀,只要前行遇土城。

　　方为土城。方城。弯城。

又水星论

　　水星取长不取短,切忌细曲如鳅鳝。脉从百里千里来,十里五里皆

回转。如龙蟠兮如象卷,或如蛇形或卧犬。天虹吸涧欲雄豪,风吹罗带

须柔软。下穴宜低忌太高,此理凭君细推选。

　　水星扦木穴吉,须下宛宛中穴,横木曲木亦然。扦火穴凶,水无剪火之

法。扦土穴吉,有水土间可安穴,名煞会穴。扦水穴吉。无土横拦,出人无寿。

木星

　　木星体直是真形,东北行来最有情。水土相连龙有主,须知富贵此

中生。前遇火星侵天起,此龙定出朝天贵。左右龙虎变木。若连火脚带斜

---

① 如无左右护山故也。

② 向内。若向外,随朝应取,明堂弯曲。

③ 或左或右,只取朝应乐。

飞，必主离乡遭横事▲。上无水荫，下无火土泄。木遇金星是克神，应无水

土绝人丁🙾。无水上养，又被金克。水土两边中有木，若还得此又安荣🙾。

笏卓笋生为正木，卓笔▲。笋生▲。笋生木略似火星，只缘无脚。耸秀无枝英气

足。福穴多生左右宫🙾，斜侧为僧及医卜🙾。乱木若生三四枝，一

枝回抱最为奇🙾。出武。耸然侧顶生玄武，截气裁量巧更奇🙾。横直木星

多出武🙾，弹弓软牌多主富🙾。惟有折股木难裁，顶正有缠方可取🙾。

祖宗起处有此星，秀峰相向蠹蠹行。纵缺他星亦为福，惟有死木是凶形

▱。更有直木生平地，流檐直竿无以异🙾。时即只说好龙来，不知无节难

扦指。

又木缘水生

　　木星取大不取小，三三五五相连绕。巽峰秀出更清高。下有真龙枕
池沼。有如仙队出云端，又似佳人身便僛。直山直水不直扦，曲水曲山
君当晓。下穴只宜向股肱，富贵荣华相继绍。

　　木星扦火穴，先吉后凶🙾。扦土穴，先凶后吉🙾。扦金穴凶🙾，主淫

乱残疾，克妻少亡。扦水穴吉。木星架水🙾。求有力处下，乃金水节也。扦木穴吉。木

星架木🙾。架木有横直曲者，须下宛中秀，正主贵。🙾曲直木者，节穴动处，是水可下，

主文章富贵。

火星

尖斜带石为火星，如枪如旗是正形〔图〕。一星当前众星畏，入穴若见灾必生。虽然此星不作穴，若作祖宗形势别。冲天大火入云端，变出吉星更超越。分枝顿起正火星，三元上相由此生〔图〕。前行若还得一土，火土相生世代荣〔图〕。遇金高大名荣禄〔图〕，低小逃亡及孤独〔图〕。若还变水是死龙，纵合正形不得福。

火龙旺处当在南，只恐前无吉曜参。

高出单头低瘰疾，不为庙社只神坛。

又火逢木灭

火星取盛不取衰，十里须教节节回。或然席帽分两带，或然涌跃如罇垒。有如天马走云阵，有如旗纛走尘埃。气势炎炎立万仞，龙下直飞两翅开。下穴宜高无低小，仔细凭名为剪裁。

火星扦土穴，先吉后凶〔图〕。扦木穴，先凶后吉。直木脱杀下横，曲木下宛中。〔图〕扦金穴凶。〔图〕扦火穴凶，〔图〕易兴易废。

土星

土星端厚顶平地，四畔观来阔且横。如柜如盘生富贵〔图〕，如珠如印最为荣〔图〕。铺毡土星生平地〔图〕，透天土星如城势〔图〕。云中正土如正屏〔图〕，富贵绵绵开奕世。三土一金为正龙，三土一水亦从容。前遇木星龙必住，水带土穴亦财丰。架木土星生俊士，架金土星富而毅。架水先凶后发财，架火尖斜见凶逝。冲天火星为祖宗，聚发财禄亦不同。连珠迢迢案回曲，就中扦穴出三公。开土有如开金样，微微有舌穴居上。覆土仰土若鸡窠，穴法宛然最兴旺。摇拳曲臂最难扦，土头若转针有力。左抱右抱玄武前，正穴宜裁莫偏侧。覆土一星如马形，扳鞍下穴始为真。进财土星如象鼻，牙关鼻卷两宜扦。落地土星如牌样，中心着穴最为上。笥瓜形势枕头当，蜗角自然多贵相。侧土如鱼腮上扦，三台直木下两偏。双凸要安拳后骨，孤凸只是出老禅。大率出身本多穴，不出天然不取说。只恐体认不分明，覆枕马蹄皆主绝。

又土星论

土星取厚不取薄，三里五里如城廓。忽然华盖起重重，或似莲花形绰约。平作铺毡展席形，山水仍分内外幙。端正方知福禄昌，六龙攒集无枝脚。下穴高低要得中，细把真机与斟酌。

土星扦金穴，先吉后凶。扦水穴吉。扦木穴先吉后凶，扦火穴先凶后吉。两角上有木，土体可扦。扦土穴只不秀而不富。作浮穴吉，有凹不可下，或有转穴方可下。

以上五星，全言来龙入穴峦头扦穴之法，极有奥理，学者不可不详。故《立锥赋》中有峦头破碎，又不言某山宜某峦头，愚意与前文相反，疑是后人所增，故不及载。又五星专言某山宜高，某山宜低，某山宜中。如水星脉细若高扦深下，必致伤龙。或有水星变金作穴，又宜高下盖穴。如木星言下穴向股肱者，即木星下节穴，取微微曲处，挨左挨右，取水应木之法也。如火宜高穴，盖火下多尖射，岂可低下受杀？如土星宜中穴，只除毡褥土有挽角一穴，取四角尖处下之，以火生土故也。其外要中正之穴，又如金星下穴，坦然有怀抱者，即金星水涡穴也。此法各体诸性情高低扦穴，愈思愈妙，予故录之。

接木图喻

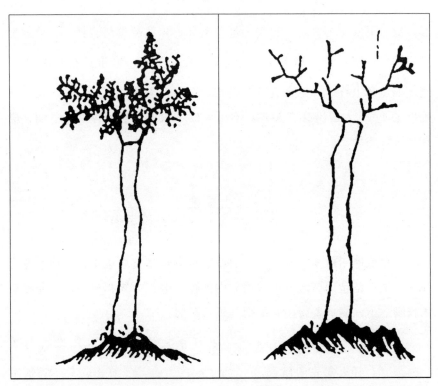

杨公云：此枝何以得生芽，只为当时迎接佳。此枝何以不生芽，只为当时迎接差。

杨公此言，以喻棺不离脉，脉不离棺之意，正如接木之法。苟迎接之佳，则发荣滋长；迎接一有差失，则气不相贯，欲望发荣，岂不难哉！棺脉相连，不可使有差失矣。

倒顺骑龙

骑龙穴法最玄微，左右相缠水势低。

玄武端斜停不住，尖圆作案气还离。

水分八字迢迢去，前行依旧一同归。

时师只识分龙处，那识其中有变机。

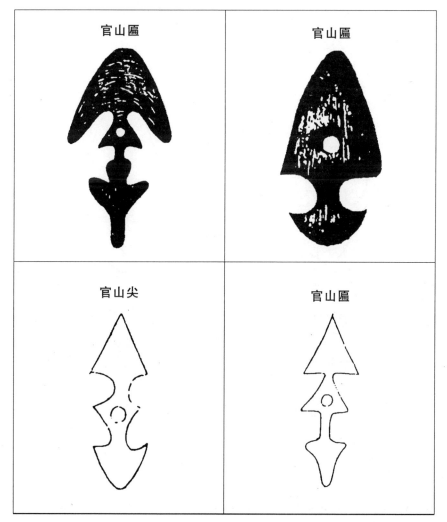

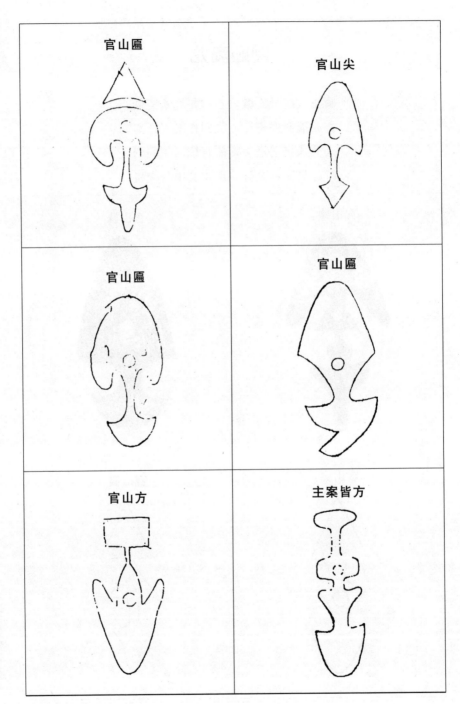

官山匾 官山尖

官山匾 官山匾

官山方 主案皆方

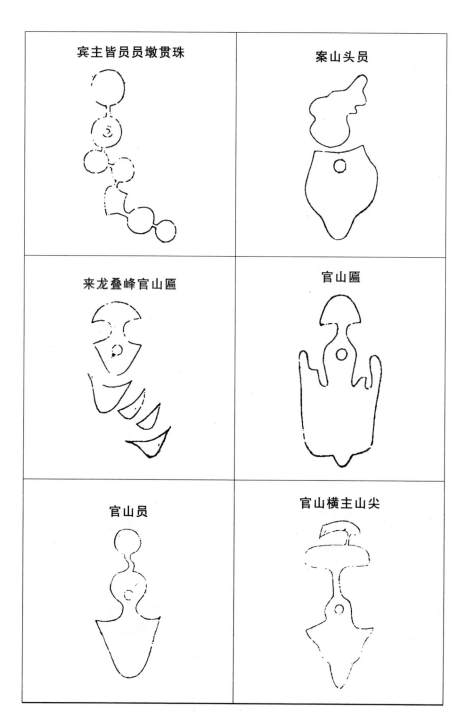

宾主皆员员墩贯珠

案山头员

来龙叠峰官山匾

官山匾

官山员

官山横主山尖

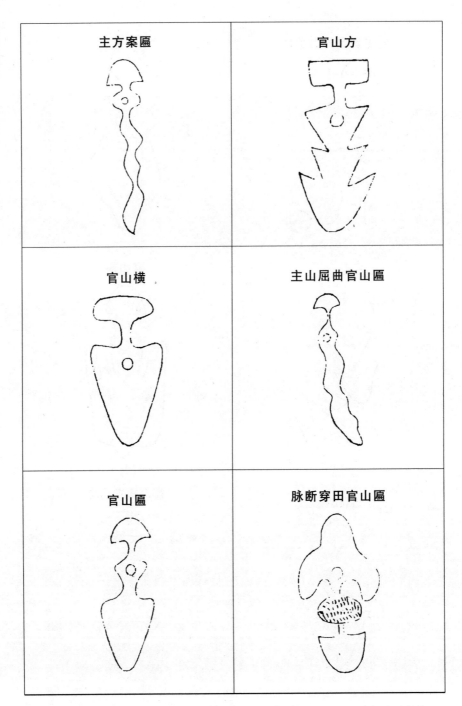

主方案匾　　　　　官山方

官山横　　　　　主山屈曲官山匾

官山匾　　　　　脉断穿田官山匾

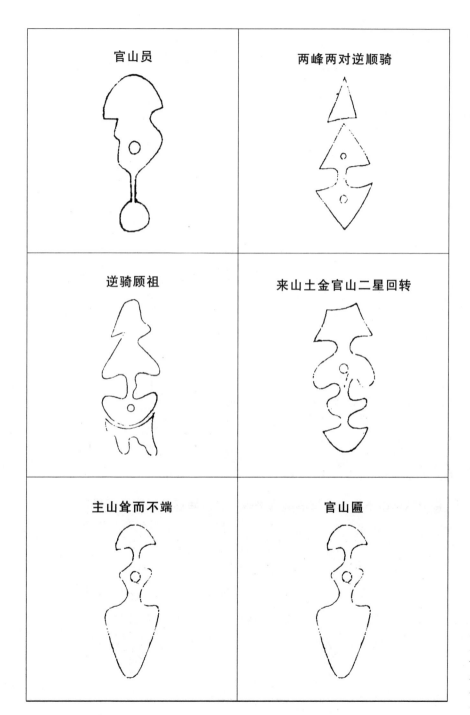

官山员

两峰两对逆顺骑

逆骑顾祖

来山土金官山二星回转

主山耸而不端

官山匾

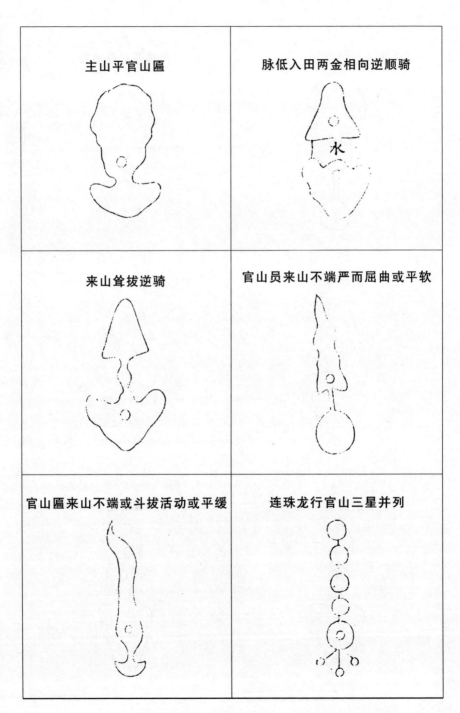

主山平官山區

脉低入田两金相向逆顺骑

来山耸拔逆骑

官山员来山不端严而屈曲或平软

官山區来山不端或斗拔活动或平缓

连珠龙行官山三星并列

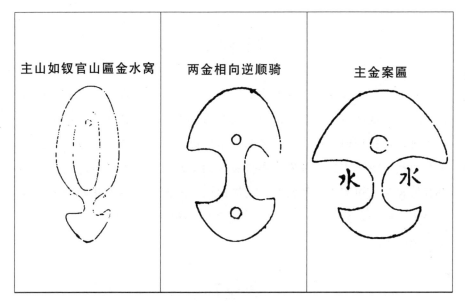

主山如钗官山匾金水窝　　两金相向逆顺骑　　主金案匾

三十六座骑龙

三十六座骑龙穴，不是神仙不敢别。水分八字两边流，且是向前倾又跌。无龙无虎无明堂，水去迢迢数里长。玄武虽端气不过，庸师安敢妄评章。真龙气涌难顿住，结着穴了气还去。就身起作案端严，四正八方皆会聚。外阳不问有和无，只看藩垣与夹扶。左右护龙并护水，回环交锁正龙居。或作龟肩或牛背，或作鹤嘴蜘蛛肚。凤凰衔印龙吐珠，天马昂头蛇过路。本案不拘尖与圆，或横或直正无偏。但寻正气居何地，看取天心十道全。或在高峰半山上，或在平洋或溪傍。忽然水去千万寻，忽然水绕千万丈。神仙略与说规模，自古一湖通百湖。巧目神机扦正穴，何须逐一看沙图。若人下得骑龙穴，世代荣华产俊杰。三元科甲未堪夸，将相公候朝帝阙。

骑龙穴

真龙头上说骑龙，千变万化有何穷。岂可三十六言尽，高人心巧自然通。坐山或峻或平软，案山或火或圆匾。主山虽去去不长，水流八字流不远。前行依旧一同归，左右缠护不肯离。水去任教三五里，之玄屈曲是真机。更有十二直流穴，相合骑龙四十八。四十八穴若能迁，子子孙孙皆显达。更有十二倒骑龙，前篇沙法略相同。千变万化归一理，尽在高人心眼中。要妙无非捉脉气，吉凶祸福毫厘耳。乾旋坤转妙无穷，心眼通时不难事。

奇怪穴

大抵奇形并异穴，真龙头上方堪说。若是真龙真住时，何论端严与欹拙。只看气脉在何山，参合朝迎与护缠。或在高山或平地，神仙具服俱标迁。

直穴

钳穴钗穴两臂直，元辰水直亦消得。须是真龙头上寻，不是真龙休费力。前面山横水亦横，本身何虑直而倾。古有十二直流穴，请看神仙斗中经。

骑牛

骑牛之形三十六，左右来兜皆吉穴。水城枝案寂无声，列宿贵人要脱卸。

四神秘诀卷之三①

砂法总论_{附图}

凡龙虎前迎后从，罗城水口，官鬼禽曜，关截锁镇，罗列明堂者，皆为砂也。故《明山宝鉴》曰："凡二十四位之山，其前来者谓之朝，其后来者谓之从。惟成龙之地则用朝从，无空缺为上也。"若端正福厚，侵于云汉，在后而来者，为宝殿；在前而应者为龙楼，尖秀者为笔，圆秀者为简，方秀者为笏，走脚者为旗，头高者为马，连接者为罗城，重重者为屯兵衙队，方而小者为金箱，圆而小者为玉印，尖而利者为牙刀，横而直者为衙杖。若神仙之地，山如垒云；将相之地，山如圭璧；富贵之地，山如仓库；市井之地，山如聚蚁。以上砂形，皆公卿富贵之砂也。

若龙不吉者，纵有奇山，反成凶恶，自然背戾，有旗则为贼旗，印为伪印，牙刀为杀刀，衙杖为徒杖，员峰为牢狱，为产难山，瘦为脊劳山，肥为虚肿，如鸟坠马倒者为雷伤，如蛇鼠伏者为盗贼奸偷，如覆笠药丸者孤伤毒药，如鹅鸡牛胁者法场绞斩，石巉严者瘟癀，如有木遮闭则主宿疾，孤然突出行打落牙齿，山形如人在目主目，在颈主喉，在胸主役，在脊主徒，在腰主驼，在背主曲，在臂主折，在足主跛。以上砂形皆凶，大则灭族，小则破家疾患也。凡吉凶砂形有三千名色，皆不背于前论，全在随机应变。

---

① 元银峰董德彰纂，明师古吴勉学，平仲胡之衍同校。

　　夫地平者其水缓，峻者其水急，势使然也。地平者人多闲逸，峻者人多艰苦，气使然也。若神之清浊，形之美恶，或吉或凶，或贫或富，或贵或贱，皆系乎此。故东方之人仁，南方之人智，西方之人义，北方之人勇，中央之人信，各有差等焉。命者天之命也，墓之所出，基之所长，宅之所养。若气脉不聚，山水背趋，龙神不向，天星不照，自然不吉。故《寻龙全书》有言："山厚人肥，山瘦人饥，山清人贫，山破人悲，山来人聚，山走人离，山长人勇，山缩人低，山明人达，山暗人迷，山顺人寿，山逆人欺。山与水二者相随，吉凶祸福皆本诸此，学者不可不察焉。"

　　诸砂断法至玄玄，来学千金未易传。

　　俗眼纷纷谁晓此，砂砂参究是神仙。

　　愚谓砂图乃前贤图画，开示后学，但恐模传失真，习斯术者，师其意而不可泥焉。

　　予详董公云："诸富贵砂，若龙不吉，反成凶恶背戾"，若然，则以上之凶砂，龙既吉矣，而于族灭破家之患，于理何有？则砂不在所论也必矣。予每诵江东刘氏《囊经》有云："砂如美女，贵贱从夫"之言，未为允当。假如龙身不贵，青龙顿起尖峰，亦主子孙登科，但不大显耳，岂有反成凶恶之理？又云"天星不照，其意以为出于吉方则吉，凶方则凶"，此理予亦未之信。予见先贤有云："山形不论吉凶方，端正凶方亦富强。破碎欹侧并尖射，虽居吉位亦衰亡。"后之学者，于此砂论，不可不更详焉。

五凤楼山 白衣拜相	龙楼山 代代为官	楼台山 英雄高贵
宝殿山 先出状元 次为宰相	覆楼山 为官	旌节楼台 耸起三公位
耸直楼台 出状元	宝阁楼台 出宰相	凤楼宝阁 出天子宫 教学士
碧幢山	鼓角山 出官	更鼓山 出官

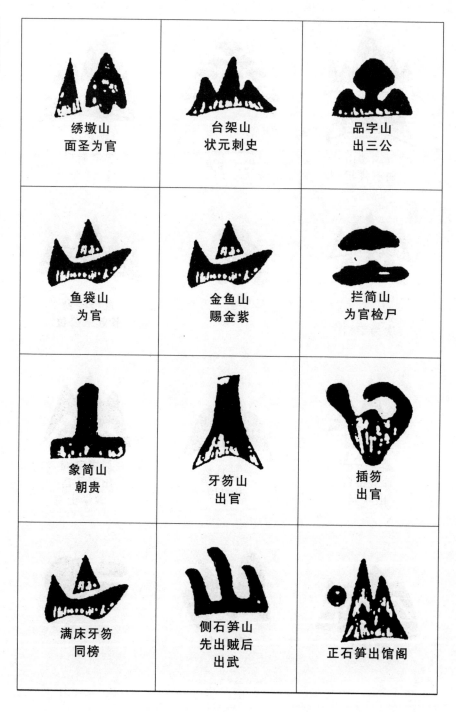

绣墩山 面圣为官	台架山 状元刺史	品字山 出三公
鱼袋山 为官	金鱼山 赐金紫	拦简山 为官检尸
象简山 朝贵	牙笏山 出官	插笏 出官
满床牙笏 同榜	侧石笋山 先出贼后 出武	正石笋出馆阁

排衙山
出官

执杖排衙
出官

唱喏山
主贵

屯兵踏节
出富贵

牵弓打弹
文武贵

执简朝天
拜相

对御讲书
聪明文贵

贵人马外
出守土官职
尖秀出状元

贵人山
文章官贵

驸马山
男为驸马

清官山
为官清正

双荐山
及第

拜舞山
出官

排班山
文武贵

远接山
神童举子

正拜山
出相

走马山
主贵

谢恩山
主贵

遇贵山

联名山
兄弟同榜

神童山

谢职山
主贵

拜龙山
主贵

拜王山
面圣

哩盏山 出知州知县	方员印山	金箱山 出公卿
玉印 聪明	宝砚山 贵	卓笔山 贵
书简山 聪明	鱼书山 文贵	华表山 为相
诰轴山 封侯	金榜山 天下状元	报榜山 子弟及第

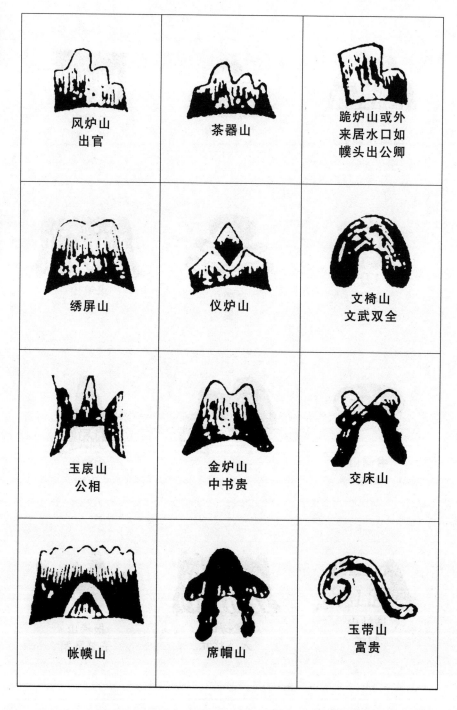

风炉山
出官

茶器山

跪炉山或外
来居水口如
幞头出公卿

绣屏山

仪炉山

文椅山
文武双全

玉辰山
公相

金炉山
中书贵

交床山

帐幙山

席帽山

玉带山
富贵

公裳山
富贵

玉笋文班
文贵

金盘堆米山
神童举子

金鞍山

玉枕山

天柱山
出公卿

马上打毬山
清贵

墨鱼山
富贵

罗城山
出官

插笏山

湿太阴

豹尾山

乾太阳	道冠山	道裳山
玉辂山	玉阶山	玉几山
御炉山	狮屏山	旗节山 朝贵
穿杨山 文武贵	圣幸山拜相从砂 武贵	戴花入朝 文武

凉伞
文武

侍从羽扇

文武拜相

城楼山
文武

佩琴山
清贵

两国奉使

北斗山

三台山
出贵

州主节
太守

北斗山

悬帘山
出贵

退职

番舡进宝	番王进宝	番王进象
龙女献珠	仙桥山 富贵神仙	升仙山 白日升天
孔同山	捍衙山	杂级山 节级
龙车山 及第	凤辇山 状元	剥官山

族旗山出官军若文笔贵出管民	头盔山	兜山
	旗鼓山有旗有鼓，能文能武；有鼓无旗，战败而归。有旗无鼓，将军阵死；旗头生石阵阵赢，旗心生石定输兵。	堆甲山
战马山	横枪棒山辅佐武贵	匣内宝剑
走马单枪文武	枪箭山护驾	鼓下牙刀

威胆山

屯兵山

群贼山
杀贼有功

贼唱山

贼排衙山

投军山

布阵山

战门山
守城

结巾山

弓袋山

箭筒山

匝地叉

军山更鼓	寨城	门毬山 又名门旗山
竖旗招军	将军带甲	猛军插花
活捉番王	左右门旗	破阵旗
得胜回旗	独脚旗	缠旗山

报捷旗	败旗山	贼旗山
夺妻山 军贼	十二将旗 大贵千户	上马笠
幡幢山 寺观居	执炉山 僧道	铃杵山 僧道
道简山	紫衣僧	袈裟山

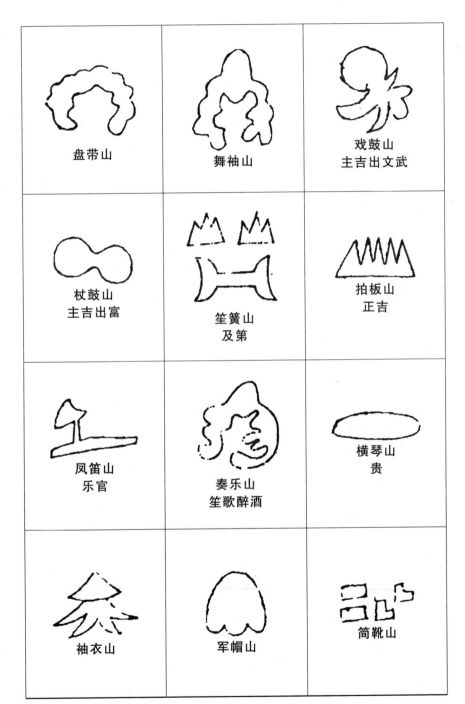

盘带山	舞袖山	戏鼓山 主吉出文武
杖鼓山 主吉出富	笙簧山 及第	拍板山 正吉
凤笛山 乐官	奏乐山 笙歌醉酒	横琴山 贵
袖衣山	军帽山	简靴山

金冠帔
女贵

金钗山
正吉

折股金钗

宝梳山
富贵

粧台山
富贵

镜台山
贵招妻财

教书山
文秀

曹司山
吏

镜台山
贵招妻财

金栏袍
贵僧

僧帽山

僧

和尚咀咒	和尚相吊	行者进舍
干童山	圣姑山	法鞭山
鬼兵山	师角山	排符山
师冠山	师笏山 法师	拜表山

校杯山	大师山	施食山
施经山	卖卜山	药铺山
上医山	乞食山	乞食山
弄蛇山	美女乞食山	杀贼山

并肩山 主淫	女人死刑山	离书山
斩指山	割股山	咀咀山
打怨鼓山	牵牛山	游舡相逐 富
毒药山 石头生石 可是	菰毒山	开店山 旺开店

肿腹山

病疾山

自割山

孤寡山

孝服山

产难山

生产山
儿出死

奴婢自吊

觅财山

梦死山

孤寡山

寡婆山

伏尸山

掀裙山
出淫

宿疾山

钱龙山

七宝山

聚舡山
商贾

海舡山
出贵

覆舡山
大富

鱼舡山

卖舡山
卖舡贩灰

买舡山
出富

卖药山

罾网山 富	撒网山 主淫	油榨山 出人愚
操车山 虚花无成	笕丝山 旺蚕	蚕泊山 富
蚕头山 旺蚕	酒旆山 卖酒	破帽山 贫
薄历山	外州员库	买田山

買賣山
為商

妻妾同庫
富

聚頭山
男賤女淫

覆箕山
孤寡

石田山
聾啞

醋瓢山
刑獄

禾鐮山

衣擔山
富

賣低錢山

偷牛山

偏管山
刑傷

葫蘆山
賣藥

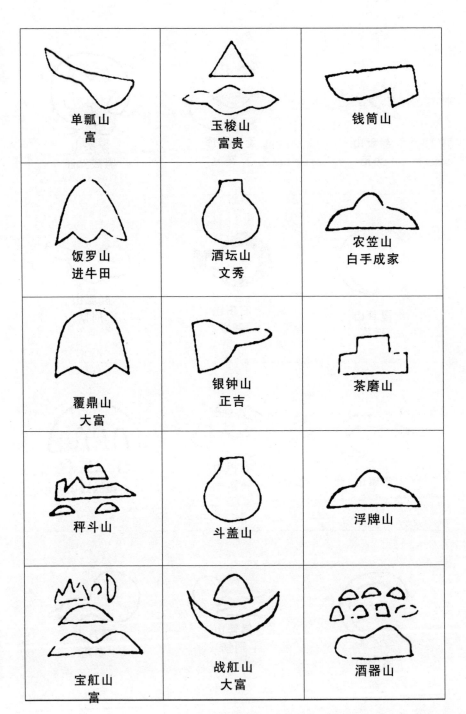

单瓢山 富	玉梭山 富贵	钱筒山
饭罗山 进牛田	酒坛山 文秀	农笠山 白手成家
覆鼎山 大富	银钟山 正吉	茶磨山
秤斗山	斗盖山	浮牌山
宝缸山 富	战舡山 大富	酒器山

推车山	番笠山 卖盐成家	金柜山
金笼山	银瓶山 大富	锁钥山
进税山 大富	银器山 富多金玉	盘盏山
福寿山 富贵双全	子孙山 富旺人	莲花山 富
莲实山 富	藕塘山 有包吉	莲叶山 进田

乱花山	茄子山 卖菜	生姜山 卖药人
瓜藤山朝山 出淫乱节有穴	瓜匏山 开库	匏瓜山
架秤山	下箅山	担钱山
相争至死山	倒彦山 酒色败家	衣担山 富
骨髓山	大小棺材	游谒拍板

打锣使棒山	牛伤山	点眼美头山 出凶
麻豆山	暗拳山 凶伤人	奴婢奸淫山
卖身山	卖儿女山	卖妻山
卖田屋山	风眼山	劳瘵山
患瘤山	崩血山	风痰山

情懒山

寄生山

寄死山

踰墙山

因酒死山

牛皮山
牛田

虎伤山

虎口肥饱人不死
肌瘦并不留此子

破落山

鬼哭山

受雇山

盗开塚山

为盗自缢山

博逆山

退财山

退田山	换妻山	苦役山
盗牛山	尸山带狗 头屠狗山	牵牛山
劫舍山	外州打劫山	马上打劫山
出贼山	作贼投军山	兄弟相偷山
暗财山	剪贼山	遭贼山

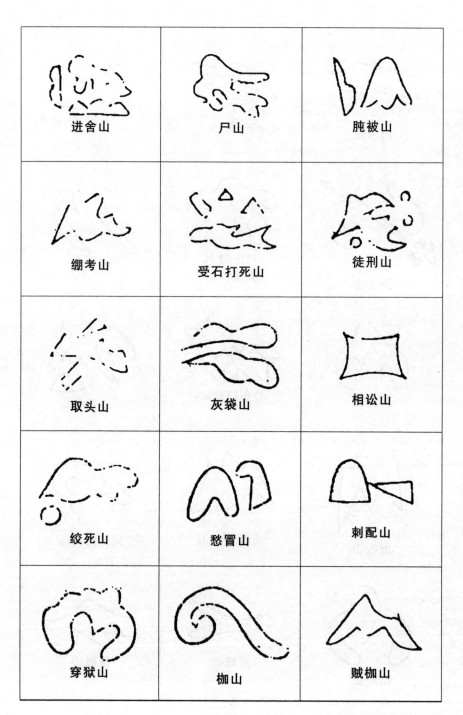

进舍山	尸山	肫被山
绷考山	受石打死山	徒刑山
取头山	灰袋山	相讼山
绞死山	愁冒山	刺配山
穿狱山	枷山	贼枷山

狱死山	木驴山	横尸山
脊杖山	断头山	捧勒山
胁杖山	出狱死山	打爷山
伪印山	配山	偷牛配山
劫财山	戏杀人山	兄弟相打山

贼窝家山	奸犯配山	公吏徒配山
受贼配山	偷人儿女山	掘人墓山
毒药杀人山	贩生口山	贩私盐山
贩私药山	贩私酒山	赦文山吉
犯罪有救山	因配得官山	狱中得走山

游狱山	脱枷山	狱中生产山
劫狱山	用牛山	钉脚山
锁猴山	割耳山	双宝山 正吉破凶
落胎山	抱养进舍山	带鬼进舍山
因妻得财山	双秤山 放利	奉道山

守常山 案外无山	被人图赖山	奴婢偷钱山
退长山	退小山	火焰山
觅子不大山	随母嫁山	先生狠毒
撤裙遇贵	先贵后为娼	先贫后贵
奴奸主母	叔娶嫂山	再娶贤妻

父子分家
父子兄弟不和

进舍山

酒水捉鱼山

离乡遇贵山

看马为官

卖马山

投水山

偷禾山

迓纂山

匾担山

贫贱山

浴堂山

屈指山
退

出外山

施食山
善

铁尺山
杀人

犁耙山

稈叉山

墨斗山

曲尺山

鉏槌山
铁匠

斧凿山

荡山

银作山

剃剪山

裁缝山

铁匠山

巧艺山

泥匠山

剃剪山
缴耳

满月山 东方富	缺月山 吉	新月山 吉
流星赶月 吉	堆肉山 食禄	堆禾山 富
堆果山	堆袍山贵	群马山
群羊山 旺血财	群鱼山	群雁山
群鸡山	乱鸦山	主吉则吉 主凶则凶

十八般横财山

起楼台　　　起两重　　　案后起峰

高顶口　　　夹一库　　　左右叉穴

牛角抱　　　如牛角　　　如木瓜

如倒瓜　　　如十字　　　如鸡爪

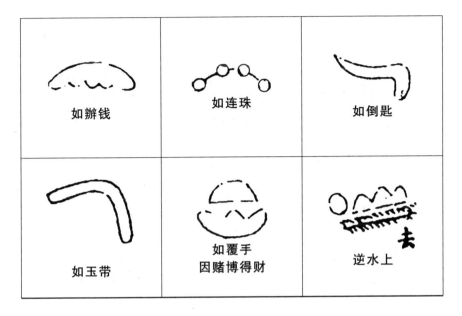

如辦钱　　如连珠　　如倒匙

如玉带　　如覆手
　　　　　　因赌博得财　　逆水上

十八般库山

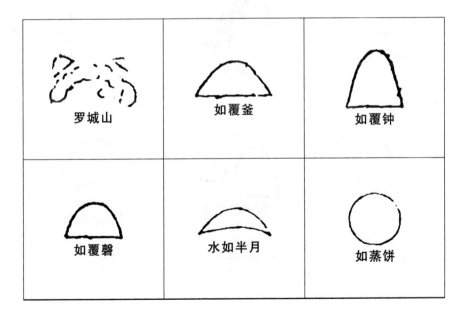

罗城山　　如覆釜　　如覆钟

如覆罄　　水如半月　　如蒸饼

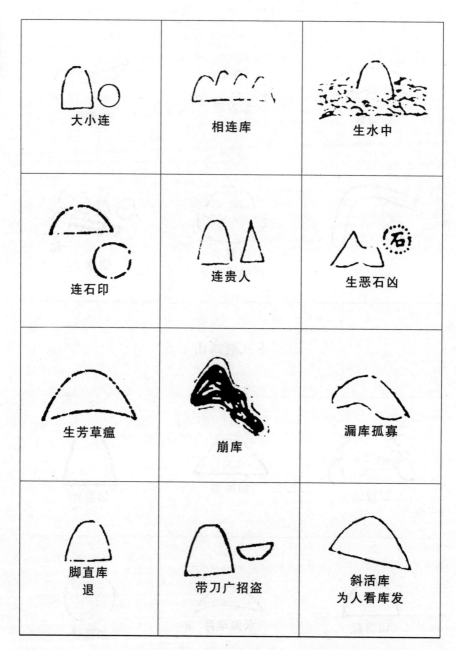

大小连　　　　相连库　　　　生水中

连石印　　　　连贵人　　　　生恶石凶

生芳草瘟　　　崩库　　　　　漏库孤寡

脚直库
退　　　　　带刀广招盗　　斜活库
　　　　　　　　　　　　　　为人看库发

二十六般印

端正印	员印	双印	连鱼袋印
连文章印	连砚印	连笏印	案头印
田中印	水口印 穴	龙背印	对门印
荒坂印	路绕印	不正印 病	略穿印 絮匠

带刀印 法死	带旗印 施食	破印	带杵印 粜米打杀人
窠内印刑狱	肛边印 酒色	桥边印 打锣美猴	近破墙印 打鼓卖糖
箕印 竹匠	破石印 法师		

二十六般笔①

案中文笔	案头吏笔 吏人	连架笔	连贵笔 吏人
双管笔 双举	三头笔 兄弟连名	两头出 铺笔	骈肩教学笔
在源里 美女	出水口 出外贵	笔下有员峰 神童	云中笔
瘦小画笔	倒笔法师	如列指笔 娼妓	带石泥 医工

---

① 校注：实有二十五种。诸本同。

低矮 文秀	独石	带悬针 丹青	开口 小吏
崩破退	排笔 典解	进田笔	牙节笔
僧道笔			

三十二般禾山

如土墙 大富	如架衣 进纳得官	如小楼	如覆磬
三五重 大富	高员	垂脚长	连马山
禾山生柄 寡母棐米	连石幢	如破钟 争禾讼	破山 凶
生恶石	黑石 招盗瘟	有路吉	带枪 招盗

如堆 白手成家	生盖	石坡	佃禾山
带脚 遭贼	如舡	如鸡爪	如辦钱
如曲尺	崩破 招瘟	如馒头	有路
兄弟分财	带刀 招瘟	对门	带小石 太守才

十四般马山

鞍马	如奔	有贵人主贵 马上贵人峰主贵	带旗
开口	生石耳	带牙刀 主武	马长 贩马
带枪 武贵	带尸 走马死	戏马 水车	相逐
近水	草坂马		

十五般鱼

十八般两宫齐到①

出水哭泣	左右水际 贪绝	相关 兄弟不和	生石 交争
飞走 离乡	如飞带 娼妓	左右土堆 五猴乞觅	左右如摧 打胸乞觅
如火具 放火做贼	左右尖 退败	龙让虎 和义	
左右去 退绝	左右返 退财	左右过宫	左右崩 灾	如牛虱 父杀子

---

① 校注：实有十七宫，诸本同。

十六般主山

随龙吉	让龙山	缠龙	朝龙吉
进龙	乘龙	过龙	顺龙
双龙来	送龙	迎龙	应龙
孤龙 不旺财	从龙	逆龙	

十般朱雀

压主	头高低	如窠	秀峰
向山坳	向田摇绝人口	起员静峰吉	斜走凶
向山背	山射墙		

从砂形局

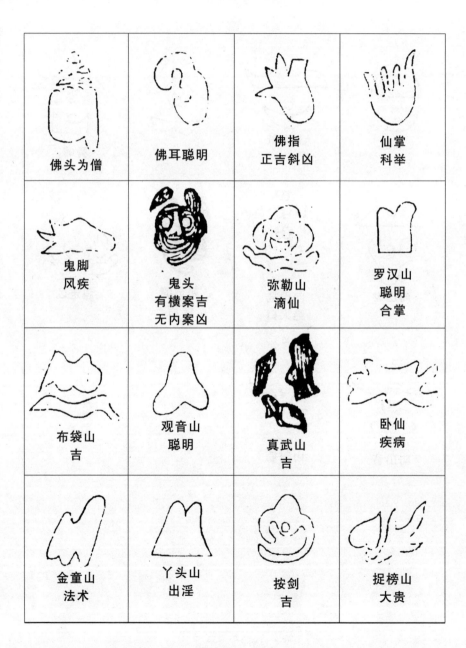

佛头为僧　佛耳聪明　佛指正吉斜凶　仙掌科举

鬼脚风疾　鬼头有横案吉无内案凶　弥勒山滴仙　罗汉山聪明合掌

布袋山吉　观音山聪明　真武山吉　卧仙疾病

金童山法术　丫头山出淫　按剑吉　捉榜山大贵

186

仙人下幕 吉	仙人露足 富贵	美女怀胞 富贵	美女拜堂 贵
波斯出洞 富	胡僧礼拜 抱头落水	飞凤山	寿鹤山 贵寿
金鸡报晓 离乡虎咬	金鹅山 吉	鸬鹚山	麒麟山 吉
狮子山 贵	蟠龙山	骆驼山 富	白象山 富

野猪山
愚顽

眠犬
富

坐林虎
先凶后吉

出林虎吉

睡虎为水口
吉

伏虎
吉

眠牛
生财旺

伏牛
富

下山牛
伤牛

入棚牛
旺牛

游食龟
落水离乡

藏龟山
刑狱

出洞龟
寿

上水龟
富贵

游路
自缢

缩头龟
出卖卜人

下水龟	蛤蜊山 法术	海螺山 富	田螺 正吉
蜘蛛山 吉凶相半	蝼蝼山 肿疮	出草蜈蚣 先凶后吉	飞天蜈蚣
鲮鲤山 吉	蚯蚓山	螳螂山 疾病	鲤鱼山 风疾
鲇鲤山 水湾吉	巨鳌山 大富	天鳖山 吉	沙鳖山 吉

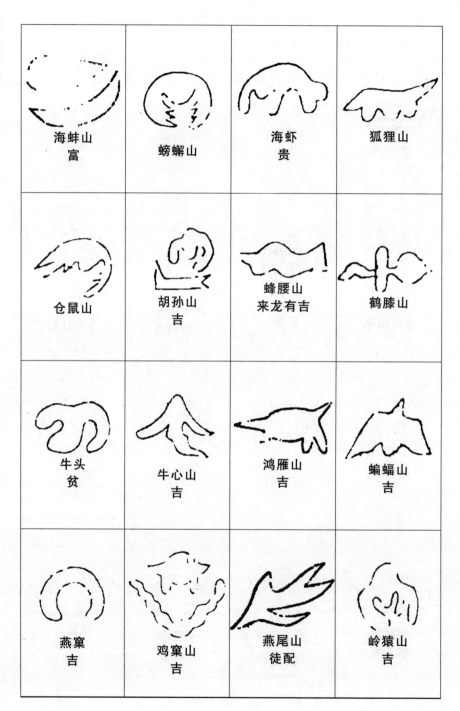

海蚌山
富

螃蟹山

海虾
贵

狐狸山

仓鼠山

胡孙山
吉

蜂腰山
来龙有吉

鹤膝山

牛头
贫

牛心山
吉

鸿雁山
吉

蝙蝠山
吉

燕窠
吉

鸡窠山
吉

燕尾山
徒配

岭猿山
吉

十七般左山

端正	倒瓜	直去 离乡远	拖枪
如银带	如曲钩 奸偷	空缺 长贫	压墓 少亡
管卯 富	抱员峰 乞觅	打右	崩破 招祸
五六片 乞觅	湾抱 吉	不向 灾	近水	坑窠 退财

十七般右山

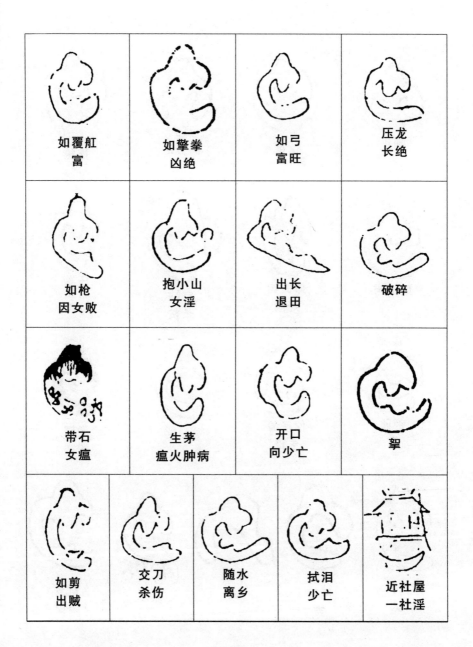

如覆肛 富	如擎拳 凶绝	如弓 富旺	压龙 长绝
如枪 因女败	抱小山 女淫	出长 退田	破碎
带石 女瘟	生茅 瘟火肿病	开口 向少亡	挈
如剪 出贼	交刀 杀伤	随水 离乡	拭泪 少亡

近社屋
一社淫

二十四般刀山

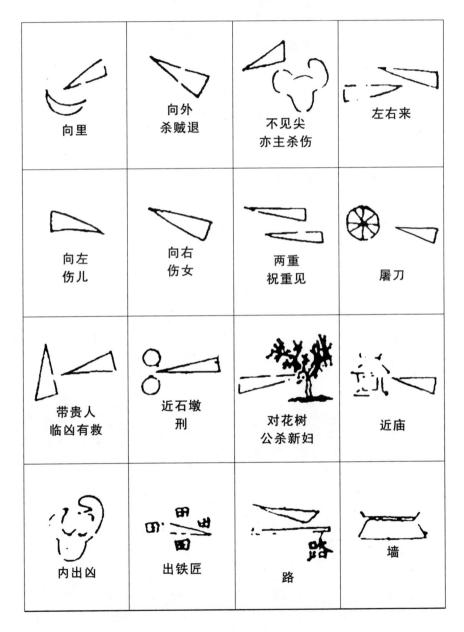

向里	向外 杀贼退	不见尖 亦主杀伤	左右来
向左 伤儿	向右 伤女	两重 祝重见	屠刀
带贵人 临凶有救	近石墩 刑	对花树 公杀新妇	近庙
内出凶	出铁匠	路	墙

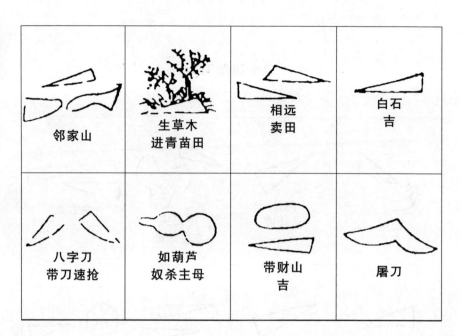

| 邻家山 | 生草木
进青苗田 | 相远
卖田 | 白石
吉 |
| 八字刀
带刀速抢 | 如葫芦
奴杀主母 | 带财山
吉 | 屠刀 |

三十二般蛾眉

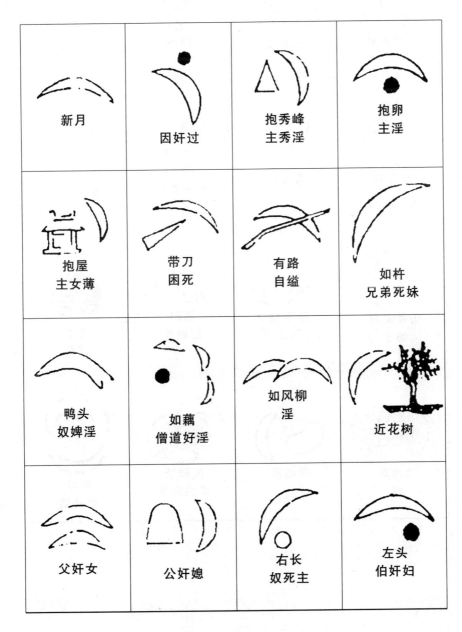

新月	因奸过	抱秀峰 主秀淫	抱卵 主淫
抱屋 主女薄	带刀 困死	有路 自缢	如杵 兄弟死妹
鸭头 奴婢淫	如藕 僧道好淫	如风柳 淫	近花树
父奸女	公奸媳	右长 奴死主	左头 伯奸妇

左抱左 小叔奸嫂	作龙虎	僧道	叉手 一女二夫
如枪 贼夺妻	带横棒	带库 因奸致富	三重 两偏一正
带僧道冠 道士	连巫角 巫人	带尸 因色死	近池 招客
近水车 淫	带酒瓶	如舞妓 婿共丈母	向坟 惜外甥

十五般凶笔

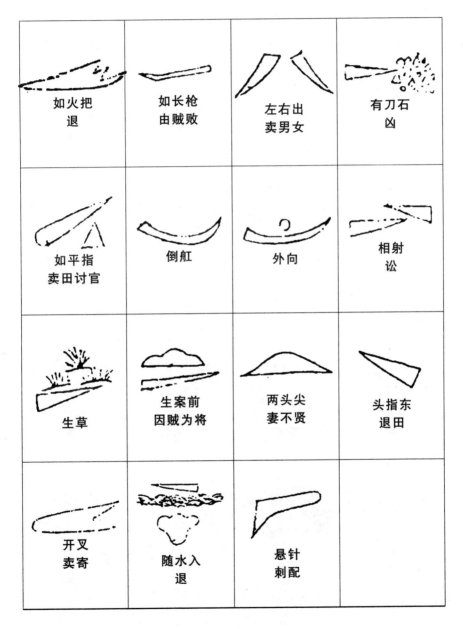

如火把 退	如长枪 由贼败	左右出 卖男女	有刀石 凶
如平指 卖田讨官	倒舡	外向	相射 讼
生草	生案前 因贼为将	两头尖 妻不贤	头指东 退田
开叉 卖寄	随水入 退	悬针 刺配	

十八般蛇山

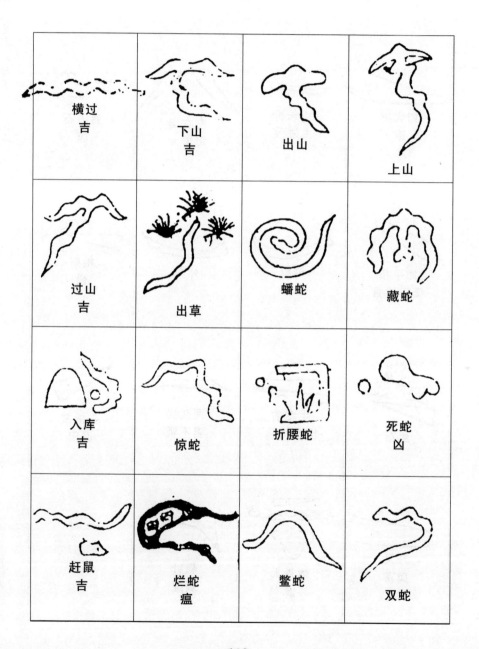

横过 吉	下山 吉	出山	上山
过山 吉	出草	蟠蛇	藏蛇
入库 吉	惊蛇	折腰蛇	死蛇 凶
赶鼠 吉	烂蛇 瘟	鳖蛇	双蛇

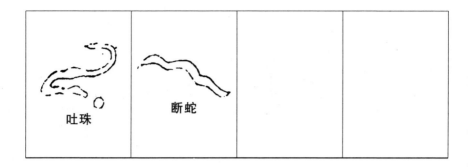

吐珠	断蛇

二十八般法场

田中石	如钥钩	落头尸	如双箭
茆冈	石堆	刀山	断头
如尸	路乱	如鹅颈	如枷生毛

木驴　恶石　开窠　如曲尺

木馒头　积尸　如悬掌　如絮锄

如幞头　如鼓槌　如断藕　如棒

如人倚　如悬髻　如平印

十六般绝砂

坳风	牌尾	鹅颈	犁背
初龙不住	主压	八风大坂	马面
城门	乾窠横生	垂指	旗
筲箕	山顶	山脚	如挂灯

五星变砂

端正火	斜火凶	火变木	火变水
火变火	火变土	火变金 先吉后凶	端正水 吉
斜水 凶	水变火	直去 退田	水变土
水变木 贵	水变金 吉	水变水	正金 吉
斜金 凶	金变火 凶	金变水 吉	金变金 吉

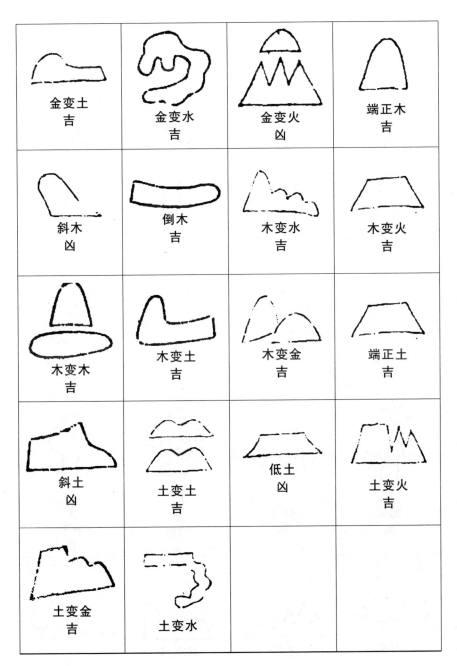

金变土 吉	金变水 吉	金变火 凶	端正木 吉
斜木 凶	倒木 吉	木变水 吉	木变火 吉
木变木 吉	木变土 吉	木变金 吉	端正土 吉
斜土 凶	土变土 吉	低土 凶	土变火 吉
土变金 吉	土变水		

官曜砂

左有长吉	右有小吉	前有中吉	后有吉
前有	照坟吉	官后横飞吉	左右悬针吉
如钻吉	斜飞吉	如枪吉	头平吉
右来吉	如琴	横向穴	右丹

独角	平头	头尖	头员
两重	四重 文贵	五重 公侯	列笋
叠云	连珠		

四样能官砂

三摺印绶	清如牙笏	如报捷	山员脚飞
坠珠鬼	浮云鬼	雉尾鬼	独节鬼
兜鍪石 为军	风脚石 凶	徒刑石	腹肿石
麻豆石	鱼眼生花	水际石	舂臼石 聋哑

枫叶石 眼口耳疾	游龟石 脚疾	葫芦石	马鞍石 贵
砚瓦石 文学	石鼓 贵	玉洞石	麻鞋石 乞觅
宝塔 子息勤学	弓箭石 凶	采花山 淫乱	戏帽山 嫂叔同情
鳖壳山 出僧人	棊盘石 富	破罗山 贫	牙齿山 少死

芙蓉石
富贵

银锭石
吉

鼓角石
富贵

猫儿
灾

豹眼石
眼疾

孩儿石
鬼胎

露骨石
疾

馒头石
孤寡

湖
落水

冠冕石
封侯

田蛤石
富

孝鬼石
凶

水
泪痕石
哭泣

笔架
文字

辦钱石
富

雷斧石
忤逆

四神秘诀卷之四^①

水法总论

夫水法者，虽处四神之末，以行龙结穴次序而言，非谓取水之轻也，故古人亦深重之。但正经不传，伪词愈增，故使世人皆不得其门而入者总总也。悲哉！凡正经家行世，但日月有盈缺晦明，天机有更变成败，人之富贵贫贱、荣枯得失，实皆天命，故《书》曰"天与贤则与贤，天与子则与子"，故吾不敢不秘。今将诸家水法，除其论伪，列其正经，先有秘而不言者，皆增诸明法可使，泄天机之在我哉！免致降福，祸于后人。

水之祸福，关系甚大，《青囊经》曰："乘风则散，界水则止。"详观水，当以明堂为经，诸法为纬。若明堂不吉，水路并合天星诸家吉神，其吉岂能应验！

夫明堂象天子之有明堂，所以来天下之朝献也。凡穴有明堂者，谓之天心正穴；无明堂者，谓之无魂之地，鬼杀之龙。^② 明堂者，水之出入，视山之善恶焉。其大小尺寸，远近之准，随穴而已。凤先生《洞林别诀》曰："凡地有三穴，^③ 明堂亦各有所主，要在宽平而不险狭倾泻也。"

故险者难以图贵，狭者不可谋富。故明堂宽则圭笏印绶、旗鼓排

---

① 元银峰董德彰纂，明师古吴勉学，平仲胡之衍同校。
② 高山顶头，上聚之地，又不拘此。
③ 即天地人穴也。

衙、楼台旌节、拜舞献送，拥从于前；狭则重重难容，非为吉地也。取穴之法，先取明堂，主发禄之近速；次折流水明堂，有内有外，内明堂主发禄之近速，外明堂主发禄之迟久。要方圆横抱，长平广丰，进周密灵异者，皆贵也。若曲直欹虚，野散偏破，冲缠倒斜，促狭①反狱，皆贱也。

如盘心为圆，主子孙聪慧；如棊盘者为方，主享厚禄；如连案者为横，主子孙忠；如带绕者为抱，主子孙孝；如笏揖者为长，主贵；如展席者为平，主和顺；大而抱容者为广，主富；广而龙会者为丰，主子孙众多；照内者为进，主进财；周密者为周，主旺田产；金鸡玉犬应者为灵，主清贵；大石树者为异，主富贵。已上皆富贵之明堂也。

直者直去无回，主退财；曲者曲窜若惊蛇，主人离财散；欹者边高低，倾流不止，主杀男女；虚者水口风至气耗矣，野者广漠无收拾，主凶；衰散者如龟背，主退败；偏者半大半小，主福禄不均；破者半拗半突，主死亡；冲者水冲内无应，主绝速；缠者水缠，却带刑杀，主绝；倒者向后而背趋，主因鬼败；斜者向前而不揖，主因官败；促者前后逼迫窄狭，主夭；泣者流泉滴沥，主宿疾；漏者水入穴而不盈，主夭灾死绝；劫者恶石如刀兵，主雷伤法死；病者积土如死尸，主瘟火伤胎；反者背若弓稍，主忤逆破家；狱者四围深如井底，主孤寒族灭。已上皆凶杀之明堂也。

犯此明堂，前应虽重叠，后应虽磊落自然，山水不朝，龙神不就，纵使来去水路尽合天星，正禄正马合法而上御街，亦非吉地也。仍以主龙分轻重断之，故《书》曰"砂如美女，贵贱随夫；水似精兵，死生在将"。斯言至矣！学者切宜深玩，触类而推之。

诗曰：下穴不看诸卦例，登山不用带罗经。

有人会得明堂法，五百年中一间生。

---

① 泣满劫病。

一百五十样明堂法

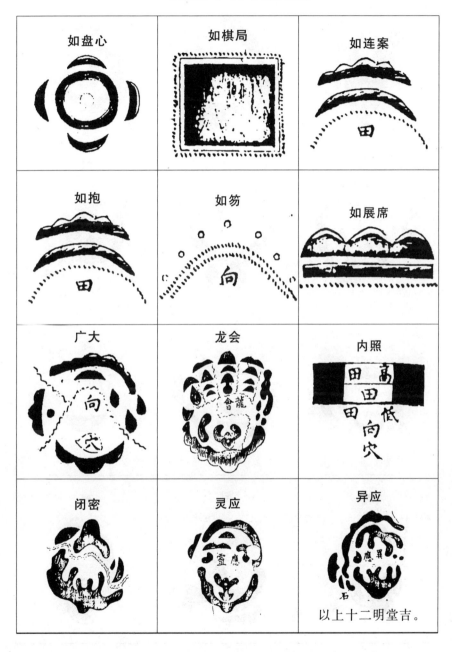

如盘心	如棋局	如连案
如抱	如笏	如展席
广大	龙会	内照
闭密	灵应	异应

以上十二明堂吉。

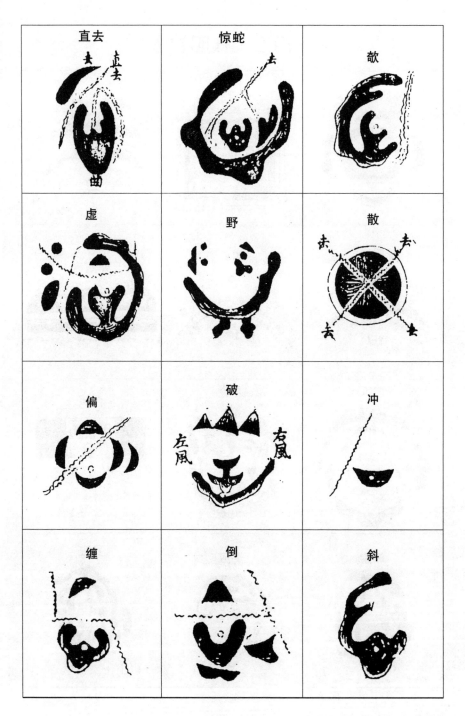

狭　　　　促　　　　泣

漏　　　石劫山　　　病

反　　　　狱

以上二十明堂凶。

杨筠松授水经

系蚁

明堂系蚁，
富贵无比。

品字

明堂品字形，
富贵有声名。

穿珠

明堂如串珠，
家门庆有余。

周备

明堂无风路，
儿孙开质库。

带风

风带明堂，
世代吉祥。

蟠龙

地若蟠龙，
世代不穷。

九曲

九曲明堂，
富贵文章。

曲水

水转明堂，
辅佐君王。

锅底

明堂如锅底，
富贵人无比。

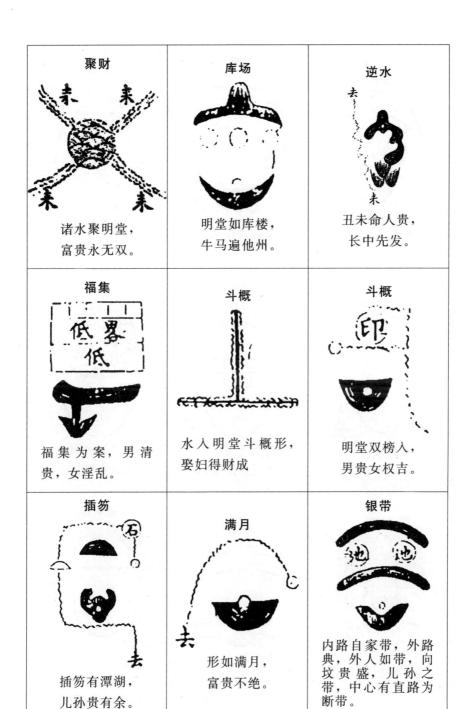

聚财

诸水聚明堂，
富贵永无双。

库场

明堂如库楼，
牛马遍他州。

逆水

丑未命人贵，
长中先发。

福集

福集为案，男清
贵，女淫乱。

斗概

水入明堂斗概形，
娶妇得财成

斗概

明堂双榜入，
男贵女权吉。

插笏

插笏有潭湖，
儿孙贵有余。

满月

形如满月，
富贵不绝。

银带

内路自家带，外路
典，外人如带，向
坟贵盛，儿孙之
带，中心有直路为
断带。

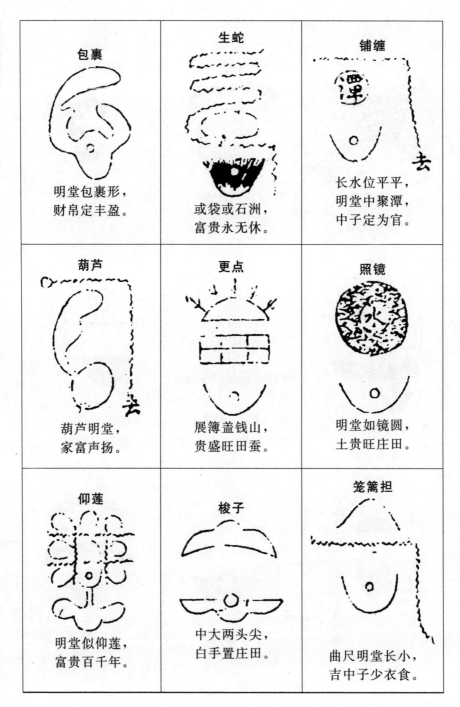

包裹

明堂包裹形，
财帛定丰盈。

生蛇

或袋或石洲，
富贵永无休。

铺缠

长水位平平，
明堂中聚潭，
中子定为官。

葫芦

葫芦明堂，
家富声扬。

更点

展簿盖钱山，
贵盛旺田蚕。

照镜

明堂如镜圆，
土贵旺庄田。

仰莲

明堂似仰莲，
富贵百千年。

梭子

中大两头尖，
白手置庄田。

笼篱担

曲尺明堂长小，
吉中子少衣食。

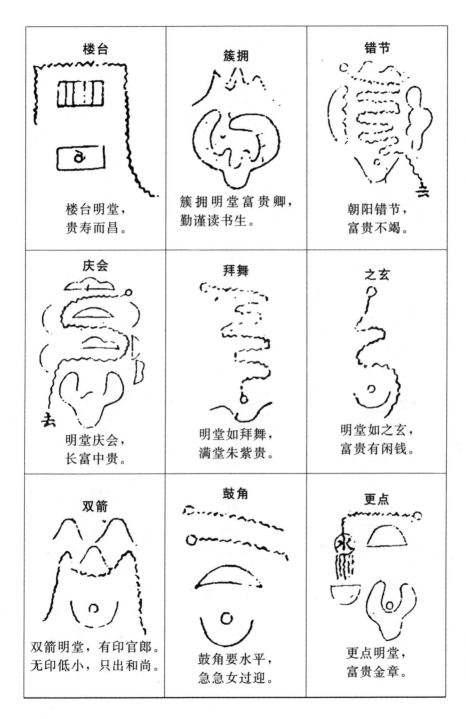

楼台

楼台明堂，
贵寿而昌。

簇拥

簇拥明堂富贵卿，
勤谨读书生。

错节

朝阳错节，
富贵不竭。

庆会

明堂庆会，
长富中贵。

拜舞

明堂如拜舞，
满堂朱紫贵。

之玄

明堂如之玄，
富贵有闲钱。

双箭

双箭明堂，有印官郎。
无印低小，只出和尚。

鼓角

鼓角要水平，
急急女过迎。

更点

更点明堂，
富贵金章。

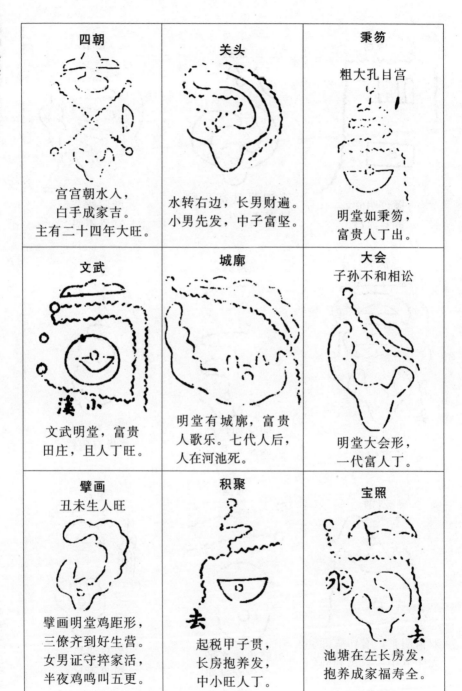

四朝

宫宫朝水入，
白手成家吉。
主有二十四年大旺。

关头

水转右边，长男财遍。
小男先发，中子富坚。

秉笏

粗大孔目宫

明堂如秉笏，
富贵人丁出。

文武

文武明堂，富贵
田庄，且人丁旺。

城廓

明堂有城廓，富贵
人歌乐。七代人后，
人在河池死。

大会

子孙不和相讼

明堂大会形，
一代富人丁。

擘画

丑未生人旺

擘画明堂鸡距形，
三僚齐到好生营。
女男证守摔家活，
半夜鸡鸣叫五更。

积聚

起税甲子贯，
长房抱养发，
中小旺人丁。

宝照

池塘在左长房发，
抱养成家福寿全。

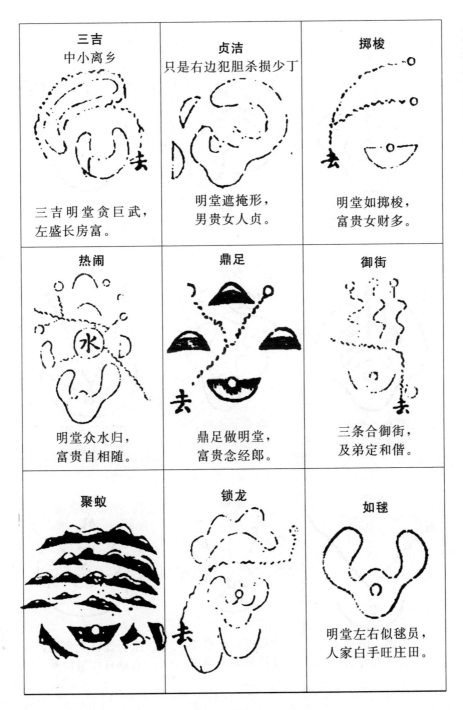

三吉
中小离乡

三吉明堂贪巨武，
左盛长房富。

贞洁
只是右边犯胆杀损少丁

明堂遮掩形，
男贵女人贞。

掷梭

明堂如掷梭，
富贵女财多。

热闹

明堂众水归，
富贵自相随。

鼎足

鼎足做明堂，
富贵念经郎。

御街

三条合御街，
及弟定和偕。

聚蚁

锁龙

如毬

明堂左右似毬员，
人家白手旺庄田。

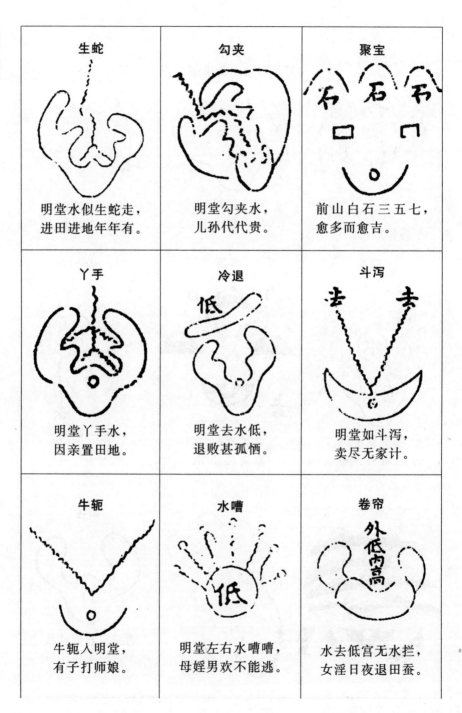

生蛇

明堂水似生蛇走，
进田进地年年有。

勾夹

明堂勾夹水，
儿孙代代贵。

聚宝

前山白石三五七，
愈多而愈吉。

丫手

明堂丫手水，
因亲置田地。

冷退

明堂去水低，
退败甚孤恓。

斗泻

明堂如斗泻，
卖尽无家计。

牛轭

牛轭入明堂，
有子打师娘。

水嘈

明堂左右水嘈嘈，
母婬男欢不能逃。

卷帘

水去低宫无水拦，
女淫日夜退田蚕。

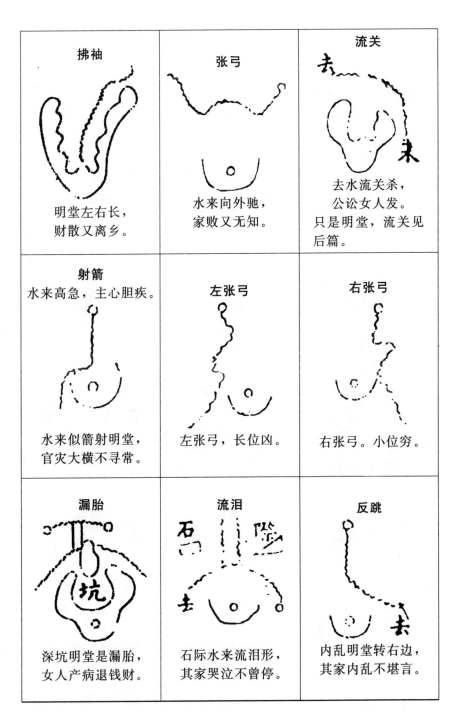

拂袖

明堂左右长，
财散又离乡。

张弓

水来向外驰，
家败又无知。

流关

去水流关杀，
公讼女人发。
只是明堂，流关见
后篇。

射箭
水来高急，主心胆疾。

水来似箭射明堂，
官灾大横不寻常。

左张弓

左张弓，长位凶。

右张弓

右张弓。小位穷。

漏胎

坑

深坑明堂是漏胎，
女人产病退钱财。

流泪

石际水来流泪形，
其家哭泣不曾停。

反跳

内乱明堂转右边，
其家内乱不堪言。

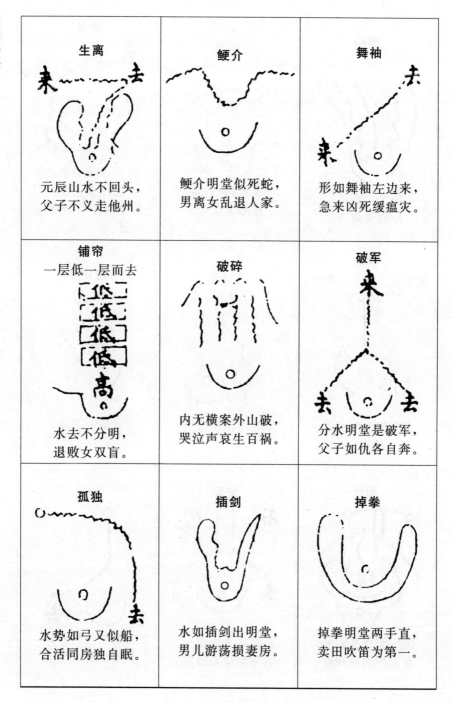

生离	鲠介	舞袖
元辰山水不回头， 父子不义走他州。	鲠介明堂似死蛇， 男离女乱退人家。	形如舞袖左边来， 急来凶死缓瘟灾。
铺帘 一层低一层而去	破碎	破军
水去不分明， 退败女双盲。	内无横案外山破， 哭泣声哀生百祸。	分水明堂是破军， 父子如仇各自奔。
孤独	插剑	掉拳
水势如弓又似船， 合活同房独自眠。	水如插剑出明堂， 男儿游荡损妻房。	掉拳明堂两手直， 卖田吹笛为第一。

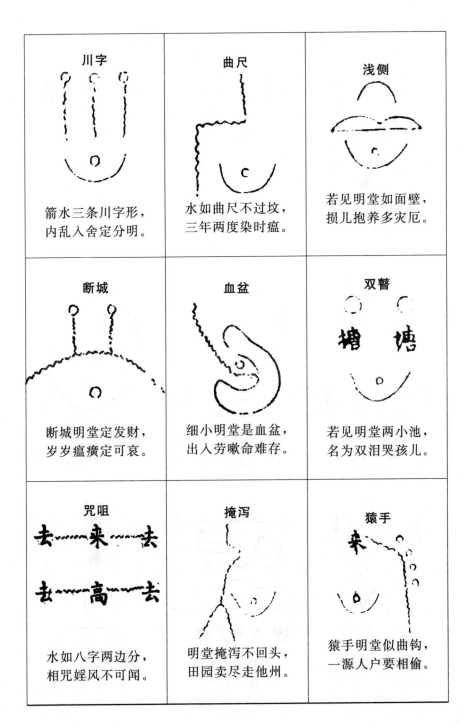

川字

箭水三条川字形，
内乱入舍定分明。

曲尺

水如曲尺不过坟，
三年两度染时瘟。

浅侧

若见明堂如面壁，
损儿抱养多灾厄。

断城

断城明堂定发财，
岁岁瘟癀定可哀。

血盆

细小明堂是血盆，
出入劳嗽命难存。

双瞀

若见明堂两小池，
名为双泪哭孩儿。

咒咀

去　来　去

去　高　去

水如八字两边分，
相咒婬风不可闻。

掩泻

明堂掩泻不回头，
田园卖尽走他州。

猿手

来

猿手明堂似曲钩，
一源人户要相偷。

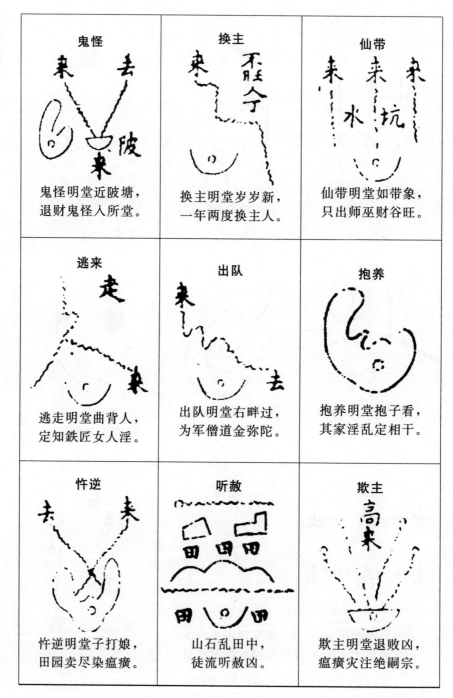

鬼怪

换主

仙带

鬼怪明堂近陂塘，
退财鬼怪人所堂。

换主明堂岁岁新，
一年两度换主人。

仙带明堂如带象，
只出师巫财谷旺。

逃来

出队

抱养

逃走明堂曲背人，
定知铁匠女人淫。

出队明堂右畔过，
为军僧道金弥陀。

抱养明堂抱子看，
其家淫乱定相干。

忤逆

听赦

欺主

忤逆明堂子打娘，
田园卖尽染瘟癀。

山石乱田中，
徒流听赦凶。

欺主明堂退败凶，
瘟癀灾注绝嗣宗。

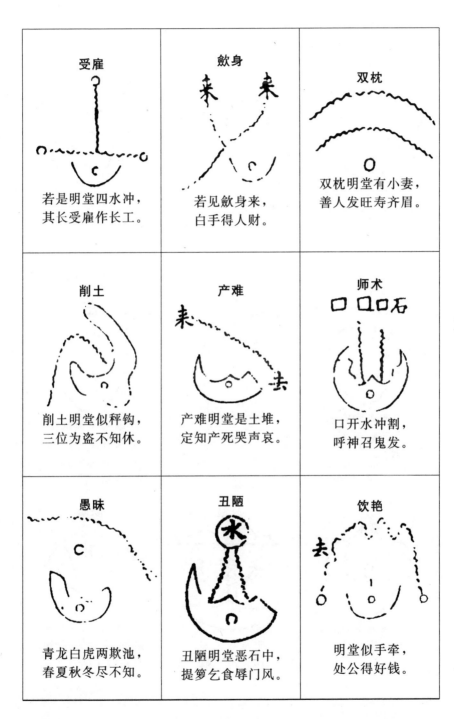

受雇

若是明堂四水冲，
其长受雇作长工。

歛身

若见歛身来，
白手得人财。

双枕

双枕明堂有小妻，
善人发旺寿齐眉。

削土

削土明堂似秤钩，
三位为盗不知休。

产难

产难明堂是土堆，
定知产死哭声哀。

师术

口开水冲割，
呼神召鬼发。

愚昧

青龙白虎两欺池，
春夏秋冬尽不知。

丑陋

丑陋明堂恶石中，
提箩乞食辱门风。

饮艳

明堂似手牵，
处公得好钱。

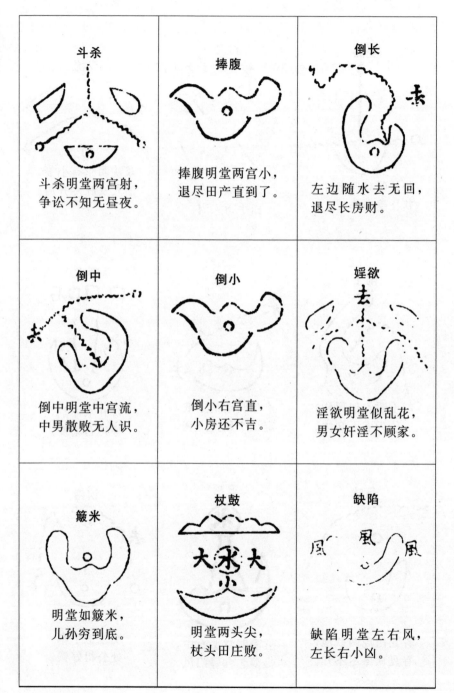

斗杀

斗杀明堂两宫射，
争讼不知无昼夜。

捧腹

捧腹明堂两宫小，
退尽田产直到了。

倒长

左边随水去无回，
退尽长房财。

倒中

倒中明堂中宫流，
中男散败无人识。

倒小

倒小右宫直，
小房还不吉。

淫欲

淫欲明堂似乱花，
男女奸淫不顾家。

簸米

明堂如簸米，
儿孙穷到底。

杖鼓

明堂两头尖，
杖头田庄败。

缺陷

缺陷明堂左右风，
左长右小凶。

阴阳二宅放水式样

阴地　　　　　　　阳宅

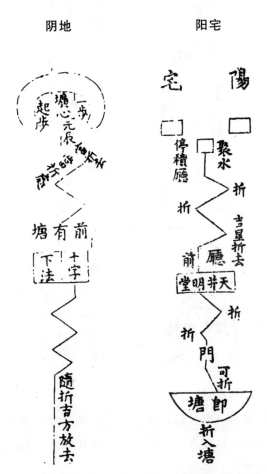

凡阴宅放水，于圹心子穴起筭步数，逐折移罗格，去吉方放。又要论生人步头，撞命杀不可犯为良。诀曰：圹内发出到塘，或方或圆，或如半月，并于圹心絣定十字，筭水去从，吉星折放。

凡阳宅放水，此有中堂屋者，于中堂心略出前一位，作一聚水天井小池，却放中堂两边明堂水入内。

堂　　　　　　五星体势

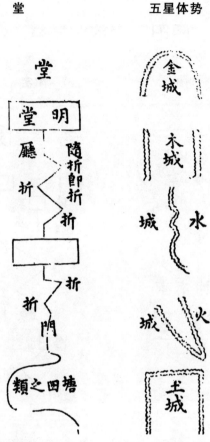

此厅堂放水，与前堂同。

明堂水入内聚水，耐久远，并要吉方吉星，到厅前大天井内，却又折出门屋，随吉星折放发水，一折小池，池开掩盖则吉。放去或有塘溪田平地，或深坑散去，不妨。

木直弯，土要横，火星斜侧向南行。水星一似生蛇走，说与时师论五行。

此皆以水之形势论之，如金星出面不宜火城，水星不宜土城，木星不宜金城火城，土星不宜木城，火星不宜水城之类是也。

箭城

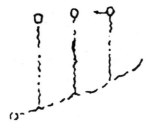

当面三箭主凶，却得左畔
带剑来救，低平亦吉。

水去不流泥　凶

穴前须怕水流长，
内有交流外不妨。
已有真金藏着里，
其山唤作护财枪。

去水流泥　凶

流泥穴里主离乡，
只为坟前水去长。
奉告仙人莫点穴，
免教下了丧贤良。

土牛四冲　凶

土牛四冲，左右皆有。
若是结穴，后代无宗。

土牛牵动　凶

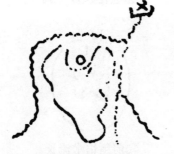

枪头一穴大难安，
若不临江合近田。
门户若还无锁闭，
土牛端的被人牵。

裹头城　凶

裹头城里莫安坟，
劫却东边便动瘟。
纵有真龙能发福，
到头终久绝儿孙。

水城　凶

来去屈曲，生蛇走样。
富积千仓，贵登金榜。

木城　凶

逆顺两水，官非不绝
寄死离乡，退败家业。

火城　凶

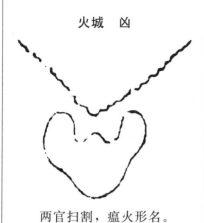

两官扫割，瘟火形名。

人财败绝，家业零丁。

歆金城

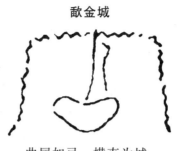

曲屈如弓，横直为城。

义门和顺，富贵名声。

土城　　　　仰土　　　　横土

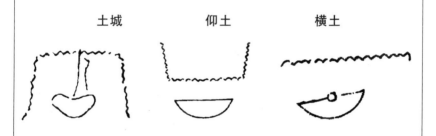

覆土富贵，仰土退业。横土平平，吉凶相半。

八国城门

一国元来坐下是，二国对面定其真。三国左畔手静场，四国右畔手静详。五国还归左眼上，六国右眼正相当。七国却是左胁边，八国右胁认其源。

水流八国位，小男退田地。四六水流强，小子旺田庄。三五位居长，田财自兴旺。一二是中房，代足衣粮。

八国图

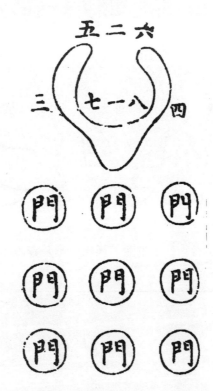

八国八门八般说，人人尽要明师诀。

三门常开家富隆，五户常闭大发越。

三门开水朝，五户闭无风。

细断总论

马不上街：先街后马，为不上街，不贵只富。水并宜干上，而归四维方出，谓之水上御街。

无正禄马：只有四大神，无甲庚丙壬水，不发旺。

杀人不赏命：小神入中神，后入大神，得贵人救。

大小赦文水：四维系大赦入小赦水。

大小神杀交战：小神与大神刻剥不合进退，主凶。

天罡过度：四大神见乙辛丁癸主吉。

明堂关杀：坐向邪侧，小中大神水流关杀不合进退，凶。

天心成路分明元：元辰水成路不散出明，成路上街合进，大吉。

打银器不成：乾坤艮三位有丁水吉。如有丁水无大神，亦不成。丁水流艮名克出，凶。艮水归丁亦凶。如克水，并主不吉。

内外明堂：三折为内明堂，又三折为外明堂，主吉。

金尺如何量：论水长短，如水得土两，木得土八，金得土九，火得土七，此乃阴阳交变之数也。

有正宫财：木来克土，名正宫财，吉。

大扛门不过：凡大辰明堂，转头门内水，又及入干水，尽上四大神去，吉。

开库只三年：大神水交小神，主不成。

四杀不没：四维不没，要现。

六神不藏：八干不要现。

左右关分阴阳：看关煞克剥，左杀损男，右杀损女。

阴阳清浊：天干清，地支浊。天干宜流长，地支宜流短。

十道：子午卯酉为十道，明堂要平正，水要正流。

四维：寅申巳亥是四山，为谷将，水不宜流破。

八国：甲庚丙壬乙辛丁癸是。若不得四维十道水来，不吉。即八干。

四墓：辰戌丑未是。忌风路，为四极破军之位，不宜水流破，主讼。

城门：乾坤艮巽是。不宜射水，宜去吉。

干小神：乙辛丁癸是。水来合进退，旺小子。

干中神：甲庚丙壬是。水来吉合进退，旺中子。

干大神：乾坤艮巽是。水流去，旺长子。

支小神：辰戌丑未是。此水不论进退，并杀小子。

支中神：子午卯酉是。此水不论进退，并杀中子。

支大神：寅申巳亥是。此水不论论进退，并杀长子。

干支神杀论

大神流入小神宫，定主人家灾祸至。中神流入小神宫，灾祸瘟癀不可计。小中神流大神位，管取荣华家富贵。小神须要入中神，中神要入大神位。三折禄马上街去，一举登料名冠世。

金尺量法

以水一火二木三金四土五为定，如流丁属金得四数，流午属火得二数，交丙属火亦二数，交巳属木亦三数，巽为水得一数，以二十四位天干地支取属五行，依数推之，以定太岁祸福，其见如神。[①]

金尺法

约以四尺八寸为一步。《经》云："三年一步，十步一世。水行益前，山行益后。慢者三年一步，急者一年三步。急慢之中，定以一年一步，定太岁祸福。"又云："一折一代先长子，二折二代合排中；三代定看三折水，合吉小口女男同。"

---

① 《八方歌》云："十一十二水到，离面称尊号。十三十四天下平，惟有贵称臣。"

曾文遄水从论

《堪舆书》曰："水从天来，山从地起"，此言乾坤动静之机也。乾天也，主乎动，故向与水取义焉。坤地也，主乎静，故山与穴取法焉。正经不传，后学失其所宗，用形局者略扢卦法，用卦法者疎扢形局，以天星为《灭蛮经》，以玄微为渺茫，卦不辨是非，不明取舍，[①] 妄扦妄作，总总皆然。于是以天星卦立向立水，地卦定山八卦，则子孙宗庙，布形局法[②]玄微，吉凶星宜，天卦地卦，皆以震巽兑在为三吉，震巽交为五鬼，照合正经[③]八卦以正宫卦，则三吉五鬼互藏其宅，亦正经也。宗庙以五音为例，而正宫不变，[④] 亦正经也。玄微以纯阴纯阳为例，[⑤] 而四卦之宫，[⑥] 出水得相旺，亦正经也。至若用壶中紫微，而以天卦地卦、宗庙玄微为虚者，不知理也。又若单用宗庙，则五行移易。[⑦] 单用一中卦，则本宫廉贞自相为执；单用紫微玄微，则孤阴独阳不生成也。正经之用天卦地卦而已，天卦得乾阳之数也变离兑坤；地卦从坤阴之数也，变震坎艮乾。阴变阳，阳变阴，阴为乾坤之用，艮大易假象明理之旨也。前哲用卦，更无他道，知乎此，则山水动静之理，乾呻变化之蕴，吉凶祸福之原，了然明矣。是以水法之章，为后学而述之。文遄门人倪宽广传。

---

① 只要看来龙合前法度。其合者，其水自合天星水法，及诸卦亦有合者，须以司马水法度大小，当以司马水法为主，天星次之，卦又次之。

② 不可以其定水之来去，即谬矣。

③ 即《青囊》震巽艮兑丁丙庚辛。

④ 此言山家五行宗庙，用为水法，来要生旺，去要死绝，不得诸吉地不合。殊不知山家五行起于《青囊经》《脉首经》，宗庙起于唐一行，后人不明先后，动以山家五行名曰"宗庙"，五行正经也。

⑤ 则山阴水宜阴，山阳水宜阳，亦以《青囊经》相合。若得正宫禄马玉街，又不必如此论之也。

⑥ 天卦、地卦、人中卦、玄微卦，为四卦。

⑦ 有正五行、八卦五行、山家五行，各用法注续篇内。

论正五行

亥壬子癸大江水，丙丁巳午赤烘烘。庚申辛酉乾金位，甲寅乙卯巽青龙。辰戌丑未坤艮土，此是五行正墓中。

此名河图正五行，用以论坐山，分吉凶，即《经》云"乘金相水，穴土印木"是也。又宗庙水法，赖布衣云："用此五行为是"。又阴阳二穴坐山，用此五行取年月日，生为吉，冠为凶，坐东属木，生于冬，旺于春，故曰"春不作东"，以其坐旺不吉。冬季属水，水生木为吉，坐西属金，辰戌丑未月土，土生金为吉，秋旺为凶；坐南属火，春季属木，木生火为吉，夏旺为凶；坐北属水，秋季属金，金生水为吉。冬季水旺为凶，坐辰戌丑未山属土。夏季属火，火生土为吉，辰戌丑未月旺为凶。即《雪心赋》云："生旺休囚，机运行而不悖"，此之谓也。

水城吉凶

水城三曲，十相全足。屈曲如蛇，富贵之家。折来指去，财帛无数。山横水横，必是佳城。眠弓覆土，钱禾仓库。大江朝阳，定出官僚。穿珠系蚁，三台公位。水绕葫芦，勅赐金鱼。天心流匝，少年黄甲。宗庙御街，九棘三槐。斗角天心，帘幙纶巾。天虹系拱，皇恩相宠。带剑扬鞭，武略兵权。三玄三吉，为官禄秩。千步禄存，镇国将军。左宫先到，长男财宝。右畔前来，小子发财。对中屈曲，中子发禄。五子七房，一例荣昌。左宫返火，长男遭祸。右宫卷帘，小子偏嫌。对心直来，中男不足。斜土钓竿，四子贫寒。子午卯酉，军贼常有。乙辛丁癸，奴婢临门。辰戌丑未，牛羊公事。乾坤艮巽，僧道术人。寅申巳亥，田塘成败。甲庚丙壬，妻妾呻吟。吉凶祸福，细细与论。眼巧心灵，天下横行。

定管房位

甲庚丙壬寅申巳亥，管一四七房下子孙祸福；乙辛丁癸子午卯酉，管二五八房下子孙富寿。

阴阳正源

明水·论公位

丙艮主小兼及中，巽辛主中兼管小，丁兑主长不易，庚震主长不易，亥主长不易，巳主中兼主长。

以上阴局吉水所主。

离壬主长兼主中，坎癸主中又主长，坤主长不易。

乙主长又主中，甲主长又主中，寅主中又主长。

申主中又主长。

以上阳局吉水所主

乾主长又主中，辰主长又主小，戌主小又主长，丑主小不易。

以上阴阳二局所主，皆凶。

论水移祸公位

凶水破局，所主长，又主中。长位若得吉砂水特朝救助，则祸移于中而长则先发，至气终方或见祸。局中位得吉砂水救助，则祸先移长，而中则先发，至气终方或见祸，中小各以类推也。

倘吉水源长高近，而破局水低小，或遇溪河横流间城，兼属本位吉。龙本位吉砂照穴，则祸归所移之房，本位终吉，气终亦不见祸。

若破局水只半宫一宫，可以吉水救助；倘凶水来源高近，刺面冲射，兼来去二三位凶砂特照，非一宫吉水可以救助也。故吉凶之水，当明源流大小高低远近而消息之，祸福之应别有穷焉。

明各山向吉凶水所主公位①

○亥山类②

亥山丙向③

丙水特朝，先发小位。丑未水来去，小位吉，中见凶。若见后所注凶水，祸在长中。

巽水特朝，见寅申甲乙离辰水，祸移归长。无巽砂水救助，祸在本房。辛水来去，亦中房吉。坤水破局，祸独归长而已。

丁水特朝，震庚来去，惟发长房子。坤水破局，长位吉，中见凶。若辰申甲乙离寅破局，祸移归中。无庚丁震水救助，祸在本旁。且未破局，祸及小子而已。

亥山巽向④

巽水特朝，艮辛水来去，中子横发，长小平宁。若乙辰寅甲离水破局，祸移归长。无巽艮辛水救助，祸生本房。坤水独祸归长。

丁水特朝，震庚来去，长房先发。坤水破局，吉中见凶。乙辰乾申离甲，祸移归中。无丁庚震水救助，祸在本房。未水破局，独归小房。

丙水特朝，辛艮来去，小位横发，次及中子。见甲乙庚申离坤水破局，祸先归长，次及中房，小位无凶。无吉水救而辰未破局，祸在

---

① 山看正针向论缝针。
② 龙主长。以下至丁山是阴局水。
③ 发中小长。
④ 地发中长次发小子。

小房。

亥山丁向①

丁水特朝，庚震来去，长房横发。坤辰破局，吉中见凶。辰申甲乙离水破局，祸移中子。无庚丁震水扶持，祸在本房。未水见，独祸小房。

巽水特朝，辛艮来去，中房先发。若离坤甲乙寅申辰水破局，祸移长小，辰独移小。

丙水特朝，辛艮来去，小房先发。若未水破局，本房吉中见凶。无丙辛艮救助，为祸速重。若坤离甲乙寅申辰水破局，祸在长中。

○艮山类②

艮山丙向③

丙水特朝，辛艮来去，先发小房，次及中子。未水破局，小房吉中见凶。若辰离甲乙坤申水破局，先败长房，次败中房，纵有巽水特朝，不能救助；④ 而辛水特入，庶可获吉。

丁水特朝，庚震方水来去，长房先发，祸移归中。坤辰破局，吉中见凶。无吉水救助，及兼前凶水，祸在长房，既速且重也。

艮山丁向⑤

丁水特朝，庚震方水来去，先发长子，次及中小。坤水破局，长房

---

① 地发长子。
② 龙发小。
③ 地发小中。
④ 巽木克本龙也。
⑤ 地发自小中长位。

吉中见凶。若离乙申辰水破局，则祸移中房。无丁庚救助，则祸延小位。

巽水特朝，中房不能致吉解凶，辛水旁入无凶，水溷杂，中房亦能致福。见前凶水破局，中房终难免祸。

丙水特朝，辛水来去，小房横发。未水破局，小房吉中见凶。若辰申午乙甲坤水破局，祸移长子，次及中房，纵有巽水，不能扶持救助也。若无凶水破局，辛水旁入，中房亦吉。

艮山庚向①

庚水特朝，丁亥来去，长子横发，次及小中。坤水破局，长房吉中见凶。若离坤戌乾壬坎破局，祸移中子。气终，本房方或见祸。未水破局，独祸长房。

辛水特朝，丙亥来去，小房骤发，次立见中房荣富。未水破局，则小房吉中见凶。若离申戌乾壬子水破局，祸归长子。庚水救助，祸移于中。坤水破局，祸惟长子。

艮山辛向②

辛水特朝，丙亥来去，中小并发。未水破局，则小房吉中见凶。若戌乾壬坎癸坤申离水破局，祸福居长。无辛水特救，分祸归中。

庚水特朝，丁亥来去，长房横发。见前凶水，祸福归中。坤水破局，长房吉中见凶。无庚水救助，则祸速重。

---

① 地发小长中。
② 地发小中。

○巽山类①

巽山辛向

辛水特朝，丁亥来去，先发中子，次及小男。丑未来去，吉中见凶。若坤申戌乾壬癸坎水破局，祸独归长。庚水克龙，纵朝不能救助。亥水源高朝特，可以救助，分祸归中。②

巽山亥向③

亥水源高特朝，长房先发，次及中子。若坤水破局，吉中见凶。若申戌乾奇癸坎水破局，祸先归于中房，而长房祸稍轻缓。无亥水特救，祸尽归长，而中房祸缓矣。

○兑山类④

兑山丁向⑤

丁水特朝，震庚来去，长子横发。若离坤水破局，吉中多凶。巳曜来去，长中屠戮。若乙甲戌乾辰水破局，丁庚震水吉救，祸先归中及小。无丁庚震水救，祸先及长。

---

① 龙发中子，次及小。
② 酉水为曜，长中刑戮。
③ 地发中，长次及小。
④ 龙发中子。
⑤ 地独发长。

巽水特朝，中房先发。见前凶水，祸先延长。

兑山艮向①

巽水特朝，艮水来去，中小先发。巳水来去，祸及长中。未丑来去，祸在小房。寅甲乙辰离坤申水破局，有巽水救助，祸先及长。无巽丙救助，而丁庚特朝，祸先归中，长则发越。

○震山类②

震山庚向③

庚水特朝，丁亥来去，长房横发骤富。坤水破局，吉中见凶。申水来去，长中横祸。④ 若戌乾壬子癸离水破局，有庚丁亥水吉救，则祸归中房。无水救助，则分祸归长。

震山辛向⑤

辛水特朝，丁艮亥来去，先发中子，后发长房。申曜去来，长中遭戮。坤乾破局，祸在长房。离戌壬癸坎破局，祸先长房。无辛水救助，祸先中房。丑未来去，祸归小房。

---

① 地发长中。
② 龙发长。
③ 地发长。
④ 曜水也。
⑤ 地发中长。

○庚山类①

庚山震向②

震水特朝，丁亥来去，长房横发。若壬子癸乙寅甲辰水破局，祸移居中。丑辰破局，祸在小房。巽水特朝，艮丙来去，中子先发。见前凶水，祸先移长。无艮巽救助，祸在中房。

艮水特朝，福及小房。丑水兼入，吉中见凶。见前凶水破局，祸在长房。

庚山艮向③

艮水特朝，巽亥来去，小房先发，次及长中。丑多则本房多凶，壬子癸寅甲乙辰破局，祸及长中。若有卯宫水朝救长，则祸先居中也。

庚山巽向④

巽水特朝，先发中，次及长。坤辰破局，祸在长房。寅甲乙离破局，若得巽水救助，祸先归长。无巽水救助，分祸中房。丑水破局，祸居于小。

---

① 龙发长子。
② 地发长子。
③ 地发小长。
④ 地发长中。

○辛山类[1]

辛山巽向[2]

巽水特朝，横发中子。若寅甲乙辰申离坤水破局，祸皆归长。若丁震水救则祸缓，中房平安。若无巽水特朝救助，分祸居中。

震水特朝，长房横发。坤辰破局，吉中见凶。寅甲乙申离水破局，祸归中子。若无震水特朝，祸归长矣。

丙水特朝，小房福薄。[3] 兼艮来去，更或剥龙入亥，则福重矣。丑未破局，祸归本房。若前凶水破局，祸先归长，次及中。

辛山震向[4]

震水特朝，丁亥来去，长子横发。若坎癸寅甲乙辰离水破局，祸移归中。无震水救助，祸及本房。

巽水特朝，惟发中子。若见前凶水破局，祸在长房。无巽水救助，则祸及本房。艮丙旁朝源高福，及小房丑未破局，本房吉中见凶。无艮丙救助，则辰丑未水为祸深矣。若见前凶水，祸在中长。

辛山艮向[5]

艮水特朝，小房横发，兼丑则吉中见凶。若壬坎癸乙辰寅甲离水破局，祸在长中。

---

① 龙发中小。
② 地发中子，次及小。
③ 克制本龙，喜为三阳赦文，故亦为福。
④ 地发长子。
⑤ 地发小次及中。

震水特朝，长房横发。见前凶水破局，祸移中房。巽水特朝，次房发福。若见前凶水破局，祸移归长。丑辰破局，祸及小子。

○丙山类[①]

丙山艮向[②]

艮水特朝，小房横发。丑水兼入，吉凶半焉。若壬坎癸寅甲乙辰戌乾破局，祸先及长子。若得震亥水特朝，长房先发，祸移居中。若无凶水破局，中房继发于小。

丙山亥向[③]

亥水特朝，克制本龙，又非纳干纳支，但属归元吉水，长房先发。若戌乾壬坎癸寅甲乙破局，祸先归中。若无亥水救助，祸先归长。

辛水特朝，小中横发。若见前凶水破局，祸独归长。丑水破局，祸在小房。

○丁山类[④]

丁山艮向[⑤]

艮水特朝，小房先发，次及长中。若丑水兼入，小房吉中见凶。若

---

① 龙发小子。
② 地发小子，次及东房。
③ 地发小长。
④ 龙发长子。
⑤ 地发小长。

戌乾壬坎癸寅甲乙辰水破局，祸在长中。无艮水朝入，见辰戌破局，分祸归小。

震水特朝，丁亥来去，长房横发。若见前凶水破局，祸归中小。

丁山亥向①

亥水特朝，克制本龙，非所纳干支，但属归元吉水，长房先发。若乾壬次癸寅申甲乙水破局，祸先及中，次方及长。

辛艮水特朝，中小并发。若见前凶水，祸归长房。丑戌破局，祸在小房。

○阴局论水终

地有主常，权变在人心意消息，如各山行龙，所主公位，常也。某山作某向，所主公位，又变中之常也。某水主发某位，常也，某凶水而得某吉水救助，祸归某位，变也。阳局仿此例推。

○离山类②

离山壬向③

壬水特朝，寅甲乙申水来去，先发长子，次及中房。

癸水特朝，先发中子，次及长房。亥曜乾庚兑水破局，祸及长房。丑艮癸破局，祸在小中。壬癸水朝，祸归长矣。

---

① 地发长。
② 龙发长下至坤山是阳局水。
③ 地发长中。

离山癸向①

癸水特朝，先发中子，次及长房。庚兑戌乾亥曜水破局，祸先归长。

壬水特朝，坎水并入，长房先发。艮丑辛水破局，祸先及小，次及中。

○壬癸山类②

壬癸山离向③

离水特朝，寅甲乙申来去，长中并发。若庚震丁兑辰曜水破局，祸先归长，而中子先发。丙未辛水破局，祸及三房。

癸山坤向④

坤水特朝，长房先发，气终仍主多寡。若丁庚兑辰破局，祸在长房。

甲水特朝，中子先瘟。巽水破局，中子多凶。巳水破局，祸在中长。丙未辛戌水破局，祸在小房而已。

---

① 地发中长。
② 龙发长中。
③ 地发长中。
④ 地发中长。

○坤山类[1]

坤山癸向[2]

癸水特朝，中长并发

壬水特朝，长男先发次及中男

寅甲虽朝，为福轻小。[3] 震曜水及乾亥辰水破局，祸在长房。丑艮巽辛水破局，祸及小中。

○阳局论水终

艮震巽辛庚丙丁亥，本为至吉之水，在阳局见之，为阴阳溷杂而凶也。辰戌丑未正墓黄泉，阴阳二局见之，皆为凶也。乾坤老亢，阴局见之，全凶。阳局见之，祸福平平。然兼戌乾、兼未坤、兼壬癸、兼乙辰、兼丙午、兼辰巽、兼申庚、兼乾亥，乃阴阳自溷，恶杀激凶，阴阳二局见之，皆为大凶之水也。所宜穴法趋避。

---

[1] 龙发长。

[2] 地发长中。

[3] 克龙也。

行水类

○放水论

水所以止龙，亦所以通龙之气。《经》曰"外气横形，内气止生"，谓水所以止龙之行也。水为山之血脉，血脉运通则身安，血脉凝滞则致疾。夫行水于穴外，应行气于穴内也。行于内者，道合龙神吉气，计以尺寸，而节节收制；行于外者，应合龙神退度，计以步数。使阴阳相见，催官催福。

如艮龙作丁庚辛向，非纳干正配，故丙水以合之。如龙行退度入西兑，行丁水以应之，余各推。合吉则吉，合凶启凶，所以运遍龙神，于卦正配，如同声相应，同气相求，故福禄永祯。

内气不可通外气，故作横池以止于内，去塚心，立水沟，取不泄内气而聚外气。折，行也，必先放元辰水者，丙向放丙，庚向放庚，则塚心及池中格罗，俱系吉方位沟口。否则塚心格系吉方，沟心系凶方；沟心格系吉方，塚心又属凶方，不能叶吉。放宅水亦宜明堂对向立沟心出发，否则堂心格系吉方，厅心格系凶方，明堂中恪又非吉方。若对向出发，自然叶吉。小门作法同此，在心意会也。

○诸吉水类①

三阳水

巽丙丁，以其在南，故曰"三阳"。

赦文水

丙丁以其辅离，离为君象，丙丁辅之，臣象。君者出令也，臣者行君之令而致之民也，故为赦文。坟宅见之，虽刑而不刑，逢赦宥之类。

长寿水

丙丁艮兑二宫，南极老人星，春分见丙，秋分见丁，丙纳于艮，丁纳于兑，故丙丁水生高寿，艮兑又次之。

催官水

艮山丙，震山庚，巽山辛，兑山丁。
纳干之水，水与龙阴阳相见，而生贵子，发爵禄。

六秀水

艮丙巽辛兑丁为地母卦，属生气天医福德，为三吉也。独巽山忌兑水为曜星，艮山忌震巽为克制，不可例以为吉也。

金银带水

艮水抱城为银带，庚辛水绕穴为金带。

---

① 长流折放同取。

御街水

艮、巽。

文秀学堂水

巽辛乃太乙天乙之照临，况辛兑天帝文帝之府，司主士大夫之权。

金印金鱼水

庚辛以其居天地四九生成之地，属金，更其方有金鱼之砂并朝为贵。

阳鼓水

艮巽震兑水朝，先到穴，为阳鼓先鸣。巽水山忌兑，艮山忌震巽，不可胶柱而以为吉。

阴鼓水

丙辛庚丁水朝先到，为阴鼓先鸣。谢献记清化胡知府祖地云："阳鼓未鸣，阴鼓鸣人。口上千丁，辛水朝也。"

归元水

绝胎二位水也。

亥艮山，丙丁丙巳。丙丁山，亥。震巽山，庚辛。庚酉辛山，震甲乙，虽涸杂穴凶。阳局离山，壬癸。壬癸坤山，离。穴前直放不拘，元辰愈长愈妙，长流同取，无凶。

水流鬼乡

震庚在天，定属左鬼，水去宜归其方

吴景鸾表云："山不高于旺气，水不败于鬼乡，故离罹靖康之祸。"

进神水

生入克出号进神，生出克入为退神。进神吉，退神凶，其中去取有不同。

艮山属土，丙丁生入为进神，克出亥水为进神。生出庚辛，兑为退神。干卦借配，山泽通气，不以为凶。震巽克入，为退神，凶。

震巽山属木，亥水生入为进神，克出艮土为进神。生出丙丁为退神。干卦借配，不以为凶。庚辛虽克入，干卦正配，不以为凶。兑金旺克入，又为巽卦曜，大凶。

兑庚辛属金，艮土生入为进神，克出震巽为进神。丁火克入为退神，为凶。丙亦无忌。巳午为曜退神，凶。

亥山为水，庚酉辛生入为进神，克出丙丁为进神。生出震巽为退神。干卦相配，艮土克入为退神。

丙丁属火，震巽生入为进神，克出庚酉辛为进神，生出艮土为退神。丙与艮配，不以为凶。亥水克入为退神，凶。

离山属火，壬癸克入为退神，干卦相配，不以为凶。坎水卦旺，克入非宜。亥水克入，卦之正曜，凶。

壬癸属水，克出离火进神，吉。坤艮克入为退神，而坤与癸配无忌，艮则凶矣。

坤属土，离火生入为进神，克出壬子癸为进神，生出庚辛兑为退神。克入甲乙卯为退神，甲乙纳干无忌，震则凶矣。

○诸凶水^①

曜星水

四维卦忌四正卦五行相克者是。四正忌四偏及原克卦者是。

艮山忌寅，兑山忌巳，震山忌申，巽山忌申，离山忌亥，坎山忌辰，坤山忌卯，乾山忌午。

八卦曜星，其水克卦位所属之五行也。如艮属土，寅属木，克之为凶。水朝祸缓，水去祸速重，则诛夷刑戮，轻则遭人痛挞，必伤性命。如兑属六秀本吉，巽山入穴而见兑水之去来则凶。八贵本吉，兑山见其水之来去则凶。运水察源，行如艮山，主穴前见申水，虽溷杂而吉。子水朝，虽发必淫绝，纯卦不配，龙受坎制也。

阴局子午溷杂祸速，庚辛龙喜卯水骤发。干卦相配，金制木也。震山兑水，纵发必淫徙，卦不配龙，受金制也。坎宅四正见子午卯酉，混杂来去，主淫发。

离乡水

离寅天定卦，离为游魂，文曲主淫荡，寅纳于离，二宫水来去，主离乡。来去俱犯，则主速离。

回禄水

丙午，寅午戌，乙辰。离为阳火，丙为阴火。丙午双朝，溷杂而凶，故主火灾。二宫单行无凶。寅午戌三合，见水来去，为合成火局。乙辰凶恶，为灾稍缓。以上水之来去，主火灾。

---

① 长流折放通忌。

鳏寡水

乾为老阳，水之亢者也，出鳏夫孤老，痼疾横事。坤为老阴，水犯阴极，见其来去，主出寡母，阴人主事，淫乱风声。

雷局水

亥山未。震山见亥未三合来去，主雷惊。未水来，雷惊而发。未水去，雷惊而败。

不犯曜流，一节二节龙，行入震申为曜水，大凶。又如震山主穴前水去皆吉，祈年发福。第二节三节水步归申方，见刑祸，以步数约其灾福迟速，位仿此类，惟忌于放黄泉水。

辰戌丑未乃四墓恶杀，天贵不临，丑未而禄马不到，故主丑未之凶。次于辰戌天宿亢娄牛鬼照临之地，主夭折悖逆，大凶，盖墓者从土而藏之义也。如人之丰姿俊美，珠玉之光，华墓而藏之，美俊光华俱不得见，朽腐而已。故四墓之临山临水，皆为恶杀之气，是以凶也。《传》曰："不及黄泉，无相见也。"夭亡少绝，与所葬之祖，相依九泉，故曰"黄泉"。

桃花水　娥眉水

子午、卯酉、亥卯未鼠、巳酉丑马。

寅午戌兔、申子辰鸡。

在人命为桃花，主淫乱。卯酉乃太阴出没之门，朔得晦前，先以娥眉，故以名水，主淫乱。更其方砂如娥眉，并水来去，尤验。

虽祸速见，午水朝骤发，离壬配纳，水制火吉。

牢狱水

离天狱星照午，故阴局见离水朝，多兴讼。更其方砂如牢狱，并水朝入，主刑狱。

○总论阴局吉凶水以便折放

亥山入穴

丙巳　人卦_{文水吉}　花罗水　三阳水　赦文水　长寿水　阴鼓水　归元水　进神水　义门水　横财水

丁　人卦_{破水吉}　建财水　三阳水　赦文水　长寿水　阴鼓水　归元水　进神水　义门水　横财水

巽　人卦_{禄水吉}　辅亡水　三阳水　御街水　阳鼓水　女财水

震　人辅卦_{辅弼}　纳卦水　催官水　阳鼓水　鬼乡水_{破吉}

庚　人辅卦_{俱系辅弼}　进神水　阴鼓水　金带水　金鱼印水　鬼乡水_{破吉}　横财水

辛　人卦_{禄水}　空亡水　金带水　阴鼓水　文秀水　横财水　进神水

兑　人卦_{破水}　天财水　金带水　阳鼓水　进神水

○凶水

艮_{退神克龙山折正吉。}辰戌丑未_{黄泉}　乾亢坤极离坎_{桃花}　甲乙_{孤虚}

寅午_{离乡}　申_{混杂}　午_{牢狱}　丙午双朝_{回禄}　卯未来去_{雷局}

艮山入穴

丁　人卦_{禄水}　空亡水　三阳水　赦文水　归元水　阴鼓水　催官水　进神水　长寿水

辛　人卦_{破水}　建财水　女财水　金带水　金鱼印水　阴鼓水　横财水

庚　人卦_{文水}　花罗水　阴鼓水　金鱼水　金鱼印水　鬼乡水

丙　人辅卦_{辅弼}　配干三阳水　赦文水　归元水　阴鼓水　催官水
　　长寿水　进神水　横财水

亥　人卦_{文吉}　进神水

兑　人卦_{禄吉}　玄微_{辅卦}巨门　山泽通气吉

○凶水

震巽_{退神克制主气，若佳折则吉，来去无凶而祸薄矣。}　　寅_{曜星}　甲乙_{孤虚退神}

辰戌丑未_{黄泉}

乾亢坤极申_{支气}　壬坎_{混杂}

巽山入穴

辛　人辅卦_{辅弼吉}　纳卦催官水　归元水　阴鼓水　文秀水　女财水
　　金鱼印水

丁　人卦_文　花罗水　赦文水　长寿水　阴鼓水　三阳水

庚　人卦_{禄吉}　空亡金印水　阴鼓水　鬼乡水　归元水

艮　人卦_{破吉}　天财水　进财水　银带水　阳鼓水

亥　人卦进神水

○凶水

兑_{曜星}　退神戌丑未_{黄泉}　乾亢坤极甲乙_{孤虚}　寅_{离乡}

申_混　壬子癸_{混杂}　子_{桃花}

兑山入穴

丁　人卦_辅　卦气　催官水　赦文水　长寿水　阴鼓水　女财水

辛　人卦_文　花罗水　金带水　金鱼印水　文秀水　阴鼓水　女
　　财水

巽　人卦_文　辅罗水　文秀水　进神水　阳鼓水　三阳水　女财水

震　人卦_破　天财水　归元水　阳鼓水　进神水　鬼乡水

艮　人卦_禄　辅罗水　进神水　银带水　横财水　阳鼓水

丙　人卦_禄　空亡水　三阳水　赦文水　阴鼓水

○凶水

巳_曜　午_{桃花退神}　乾亢坤极甲乙_{孤虚}　辰戌丑未_{黄泉}　寅申_{支杀}

震山入穴

庚　人卦_{辅弼}　卦气　催官水　阴鼓水　归元水　金鱼印水

辛　人卦　空亡水　归元水　文秀水　阴鼓水　金鱼印水　女财水

丙　人卦_文　花罗水　赦文水　长寿水　三阳水　阴鼓水

丁　人卦_破　赦文水　长寿水　三阳水　阴鼓水

艮　人卦_文　辅罗水　进神水　银带水　横财水　阳鼓水

亥　人卦_弼　配卦进神水

○凶水

申_{曜星}　兑_{退神娥眉}　乾_亢　坤_极　子午_桃　丙午_{回禄}

未戌丑_{黄泉}　壬癸_{混杂}

辛山入穴

巽　人卦_辅　卦配　进神水　催官水　三阳水　女财水　文秀水
　　阳鼓水

震　人卦_禄　辅亡水　进神水　阳鼓水　鬼乡水

艮　人卦_破　天财水　银带水　横财水　阳鼓水　进神水

丙　人卦_破　赦文水　阴鼓水　三阳水　长寿水

丁　人卦_文　赦文水　阴鼓水　三阳水　长寿水

○凶水

巳_{刚火退神}　丑辰未_{黄泉}　甲乙_{孤虚}　子午_{桃花}　壬癸_{混杂}　乾_亢　坤

庚山入穴

震　人卦_{辅弼}　卦气　进神水　催官水　阳鼓水　鬼乡水

巽　人卦_禄　辅亡水　进神水　三阳水　学堂水　御街水

艮　人卦_文　花罗水　银带水　御街水　阳鼓水　进神水　横财水

丙　人卦_文　花罗水　三阳水　赦文水　阴鼓水　长寿水

丁　人卦_破　建财水　三阳水　赦文水　阴鼓水　长寿水

亥　人卦_辅　配合

○凶水

巳_{火刚退神}　午_{桃花}　坤_极　乾_亢　辰戌丑未_{黄泉}　甲乙_{孤虚}

丙午_{回禄}　壬癸_{孤虚}　寅_{支炁}

丙山入穴

艮　人辅卦_弼　纳卦　催官水　阳鼓水

震　人卦_文　辅罗　阳鼓水　进神水　甩乡水

辛　人卦_破　建财水　金带水　进神水　文秀水　阴鼓水　女财水
　　　金鱼印水　横财水

庚　人卦_文　花罗水　金带水　金鱼印水　进神水　阴鼓水　鬼
　　　乡水

兑　人卦_禄　玄微_巨　进神水　阳鼓水　六秀水

亥　人卦_文　归元水

○凶水

亥_{退神克制半吉又亥却属归元水吉}　壬癸_{混杂孤虚}　乾_亢　坤_极　戌丑辰_{黄泉}

甲乙_{混杂孤虚}　寅申_{支炁}

丁山入穴

艮　人卦_禄　辅卦_{空亡吉}　六秀水　长寿水　银带水　借配　阳鼓水

兑　人卦_弼　正配　金带水　阳鼓水　进神水　金鱼印水

震　人卦_破　天财水　进神水　阳鼓水　借配　鬼乡水

巽　人卦_文　辅罗水　三阳水　文秀水　女财水　阳鼓水　借配
　　进神水

辛　人卦_文　阴鼓水　横财水　银瓶盏注水　金带水　金鱼印水

庚　人卦_破　建财水　金带水　进神水　阴鼓水　鬼乡水　金鱼印
　　水　横财水

亥　人卦　归元水

○凶水

亥_{退神半吉，归元水吉。}　子_{桃花}　壬癸_{孤虚退神}　乾_亢　坤_极　戌丑辰_{黄泉}
寅_{支杀}

以上各山编定吉水，宜见来去，及折放通用。编定凶水，若见来去
穴法进退趋避，及填补筑塞，及行气行水，一一控制，切忌折放。

○总论阳局吉凶水以便折放

离山入穴

壬　人卦_{辅卦}　纳干水　阴鼓水　科甲水　横财水　催官水

癸　人卦_禄　空亡水　借配水

甲　人卦_破　建财水　进神水　阴鼓水

乙　人卦_文　花罗水　游神水　阴鼓水

坤　人卦_文　辅罗水　阳鼓水

寅　人卦_辅合成火局则凶，龙兼丙则吉。

申　人卦_禄　辅卦_巨　传送水　驿马水

○凶水

玄_{曜星}　卯酉_{娥眉}　子_{桃花退神}　辰戌丑未_{黄泉}　乾_{尢气}　庚辛艮_{混杂}

壬山入穴

离　人卦_辅　进干水　催官水　阴鼓水　科甲水

甲　人卦_破　建财水　阴鼓水

乙　人卦_文　花罗水　阴鼓水

坤　人卦_文　辅罗水　阳鼓水

寅　人卦_{辅弼}　进神水　功曹_{不宜合见午戌。}

○凶水

卯酉_{娥眉}　辰戌丑未_{黄泉}　乾_尢　巽巳丙丁庚辛_{混杂}

癸山入穴_{坎同}

离　人卦_禄　辅亡　借配　进神水　阳鼓水

坤　人卦_破　天财水　正配　阳鼓水

甲　人卦_文　花罗水　阴鼓水

乙　人卦_破　建财水　阴鼓水

寅　人卦_禄　功曹_{不宜合见午戌}

申　人卦_辅　传送水

○凶水

卯酉_{娥眉}　辰戌丑未_{黄泉}　乾_{尢炁}　巽巳丙丁庚辛艮_{混杂}

坤山入穴

癸　人卦_破　建财水　进神水　催官水　阴鼓水　纳干

乙　人卦_弼　阴鼓水　纳干

离　人卦_文　辅罗水　阳鼓水　进神水　科甲水

壬　人卦_文　花罗水　进神水　阴鼓水　科甲水

甲　人卦_禄　空亡　阴鼓水

寅　人卦_文　功曹_{不宜合午戌火}

○凶水

卯_{曜星桃花退神}　酉_{娥眉}　乾_{尢气}　辰戌丑未_{黄泉}　辛艮亥巽_{混杂}